21 世纪高职高专土建类专业规划教材

建筑工程资料管理实训

主　编 ◎ 梁鸿颉　姜　铁

中国建材工业出版社

图书在版编目（CIP）数据

建筑工程资料管理实训/梁鸿颉，姜铁主编．--北京：中国建材工业出版社，2016.8（2023.9 重印）
21 世纪高职高专土建类专业规划教材
ISBN 978-7-5160-1509-4

Ⅰ.①建…　Ⅱ.①梁…　②姜…　Ⅲ.①建筑工程—技术档案—档案管理—高等职业教育—教材　Ⅳ.①G275.3

中国版本图书馆 CIP 数据核字（2016）第 138634 号

内　容　简　介

本书根据高职高专人才培养目标、工学结合人才培养模式及专业教学改革的要求，以培养高技术技能应用型人才为主要任务，以提高建筑工程资料管理技能为出发点，结合相关行业岗位考证要求，利用编者多年的教学实践编写而成。本书以“××商住楼工程”及“××学校高层住宅楼工程”等两个项目的背景资料为实训材料，结合工作实际，通过编制包括监理管理文件、施工管理文件、施工技术文件、施工物资及进场检测文件、施工记录文件、施工试验记录文件、施工质量验收文件、施工验收文件、竣工图及工程竣工报告等文件，涉及 100 余个表单的填写及整理，达到学生对建筑工程资料管理职业技能实际训练的目的。

本书可作为高职高专建筑工程技术、工程造价、建设工程管理、工程监理等土建大类专业教材，也可供土建领域设计、施工、监理等相关专业人员参考选用。本书配有电子课件，可登录我社网站免费下载。

建筑工程资料管理实训
梁鸿颉　姜　铁　主 编

出版发行：中国建材工业出版社
地　　址：北京市海淀区三里河路 11 号
邮　　编：100831
经　　销：全国各地新华书店
印　　刷：北京雁林吉兆印刷有限公司
开　　本：787mm×1092mm　1/16
印　　张：9.5
字　　数：230 千字
版　　次：2016 年 8 月第 1 版
印　　次：2023 年 9 月第 3 次
定　　价：29.00 元

本社网址：www.jccbs.com　微信公众号：zgjcgycbs

本书如出现印装质量问题，由我社市场营销部负责调换。联系电话：（010）57811387

前　　言

本书根据高职高专人才培养目标、工学结合人才培养模式及专业教学改革的要求，以培养高技术技能应用型人才为主要任务，以提高建筑工程资料管理技能为出发点，结合相关行业岗位考证要求，利用编者多年的教学实践编写而成。

本着“理论以必需、够用为度，突出应用性，加强理论联系实际，内容应通俗易懂，适用性要强”的原则，本书依据现行的《建设工程文件归档整理规范》（GB/T 50328—2014）、《建设工程监理规范》（GB/T 50319—2013）、《建设电子文件与电子档案管理规范》（CJJ/T 117—2007）等规范文件，结合职业资格特点进行编写。

本书以“××商住楼工程”及“××学校高层住宅楼工程”等两个项目的背景材料为实训材料，结合工作实际，通过编制包括监理管理文件、施工管理文件、施工技术文件、施工物资及进场检测文件、施工记录文件、施工试验记录文件、施工质量验收文件、施工验收文件、竣工图及工程竣工报告等文件，涉及100余个表单的填写及整理，达到学生对建筑工程资料管理职业技能实际训练的目的。

本书是集体智慧的结晶，经建设行业、企业、学校专家审定教材编写大纲，在教材编写过程中给予悉心指导。本书由辽宁城市建设职业技术学院梁鸿颉、姜轶共同编写。

本书在编写过程中参考了众多的书籍，在此向相关作者表示感谢。由于作者水平有限，不妥之处在所难免，恳切希望广大读者批评指正。

编　者

2016年6月

目　　录

【实训目的】

（1）熟悉监理管理文件的内容
（2）掌握监理管理文件的编制方法
（3）熟悉施工管理文件的内容
（4）能正确填写各项施工管理文件
（5）熟悉施工技术文件的内容
（6）能正确填写各项施工技术文件
（7）熟悉施工物资及进场检测文件的内容
（8）能正确填写各项施工物资及进场检测文件
（9）熟悉施工记录文件的内容
（10）能正确填写各项施工记录文件
（11）熟悉施工试验记录文件的内容
（12）能正确填写各项施工试验记录文件
（13）熟悉施工质量验收文件的内容
（14）能正确填写各项施工质量验收文件
（15）熟悉施工验收文件的内容
（16）能正确填写各项施工验收文件
（17）熟悉竣工图的内容
（18）掌握竣工图的编制方法
（19）熟悉工程竣工报告的内容
（20）掌握工程竣工报告的编制方法

【实训要求】

（1）参考类似工程的施工组织设计编写
（2）填写内容应全面，符合工程实际情况
（3）填写格式应符合要求
（4）了解各种材料的质量标准
（5）根据具体施工试验方法填写
（6）资料内容应完整、全面
（7）按照施工质量验收规范的要求划分、填写
（8）结合各分项工程的施工方案
（9）应写明试验方法

【背景材料1】××商住楼工程资料

一、工程项目概况

（一）项目名称：××商住楼工程
（二）建设地点：××市××区××街道××号
（三）建设单位：×××房地产开发有限公司
（四）设计单位：×××建筑设计院
（五）施工单位：×××建筑工程（集团）有限公司
（六）地勘单位：×××工程勘察设计有限责任公司
（七）质量监督单位：×××市质监站
（八）监理单位：×××建设工程监理有限公司
（九）建筑面积及建筑特点

1. 建筑面积

本工程规划总用地面积为20067m^2，规划六幢楼，总建筑面积为47295.73m^2。容积率为2.28，建筑密度为13.54%，停车泊位为90辆，绿地率为44.26%。

2. 建筑特点

本建设项目位于××区××街道××号，地势较为平坦。该项目共包括1、2、3、4、5、6号楼六幢建筑。其中，1、2、3、4、6号楼为18层，5号楼为11层。建筑结构形式均为现浇框架薄壁柱结构，楼板及平屋顶均为现浇混凝土板，烧结空心砖填充墙、人工挖孔桩基础。建筑结构的类别为2类，合理使用年限为50年，结构安全等级为二级。建筑抗震设防类别为丙类，抗震设防烈度为6度，建筑耐火等级为二级，屋面防水等级为Ⅱ级，防水合理使用年限为15年。底层室内标高为±0.000。具体结构类型、建筑面积等信息见下表。

具体结构类型、建筑面积表

建筑名称	总建筑面积（m^2）	结构类型	布置	层数	±0.000对应的绝对标高（m）	总高（m）
1号楼	9588.20	剪力墙结构	一梯三户	18F	+319.30	54.00
2号楼	9784.69	剪力墙结构	一梯三户	18F	+320.30	54.00
3号楼	8104.76	剪力墙结构	一梯三户	18F	+320.60	54.30
4号楼	9024.23	剪力墙结构	一梯三户	18F	+320.70	54.00
5号楼	3005.62	剪力墙结构	一梯两户	11F	+320.10	38.10
6号楼	7788.23	剪力墙结构	一梯三户	18F	+319.80	54.30
其他						
合计	47295.73					

本工程标高以m为单位，总平面尺寸以m为单位，其他尺寸以mm为单位。

（十）项目特征

1. 基础

本工程基础为钢筋混凝土挖孔桩基础形式。基础要求嵌入中风化岩石内，要求地基中风化泥岩抗压强度标准值≥6.12MPa，挖孔桩基础浇筑100mm厚C30垫层，基础梁下浇筑一层100mm厚C15的素混凝土垫层。独立桩基基础混凝土为C30，钢筋为HPB300、HRB335、HRB400。基础桩芯、护壁混凝土强度等级为C30，保护层厚度为40mm；基础地梁混凝土强度等级除注明外为C30，保护层厚度为40mm。

2. 墙体

地坪以下采用页岩砖砌筑，地面以上外墙、内分隔墙、分户墙采用页岩空心砖砌筑，密度等级800级及以上，12孔及以上，矩形孔，交错排列；楼梯间中间隔墙采用100mm厚页岩空心砖，采用M5水泥砂浆砌筑；室内隔墙厚度为100mm的砖砌体，采用MU10烧结页岩空心砖，M5水泥砂浆砌筑；设备竖井维护墙为200/100mm厚时，均采用MU10烧结页岩空心砖，M5水泥砂浆砌筑；屋面女儿墙采用MU10烧结页岩空心砖的配砖，M5水泥砂浆砌筑。

（1）墙体的基础部分见结施。

（2）建筑外墙填充墙体采用烧结页岩空心砖，允许重度7.5kN/m^3，M5水泥砂浆砌筑。

（3）建筑内墙填充墙体采用烧结页岩空心砖砌筑。

（4）厨房、卫生间等受水房间四周墙体根部（除门洞外）做120mm高C20细石混凝土翻边，H～H+1.8m标高处范围内均采用MU10烧结页岩空心砖的配砖，M5水泥砂浆砌筑。

（5）墙身防潮层：在室内地坪下约50mm处做20mm厚1：2水泥砂浆内加3%～5%防水剂的墙身防潮层（此标高为钢筋混凝土构造，以下为砌石构造时可不做）。

（6）砌体上的预埋件及预留洞口，应在施工时予以预留，混凝土板、墙上应配合预留设备孔洞及预埋套管，不得事后打洞；在管道设备安装完毕后，用C20细石混凝土填实；变形缝处双墙留洞的封堵，应在双墙分别增设套管，套管与穿墙管之间嵌堵，防火墙上留洞的封堵为防火封堵材料封堵；各设备用房需留出设备进出口，待安装后进行封堵。

（7）墙体与钢筋混凝土柱连接处内外均用钢丝网片（0.8mm厚，9×25孔）搭接300mm宽，再行抹灰。

混凝土强度等级：梁、板及楼梯为C30；±0.00～+9.00m柱为C40，+9.00～18.00m柱为C35，构造柱、过梁为C20；保护层：柱30mm、梁25mm、构造柱25mm、板15mm。

3. 门窗

（1）图中未标注门垛均为100mm或0，与混凝土墙、柱连接的门窗洞边的填充墙垛，当洞边尺寸≥200mm宽时，采用砖砌体按规范砌筑；当洞边尺寸<200mm宽时，填充墙垛改为素混凝土与相邻混凝土墙、柱同时浇筑。

（2）门窗尺寸、规格详见门窗平面图。

（3）建筑外门窗气密性能为6级，水密性能分级为3级。

（4）所有门窗仅表示立面形式、分格、开启方式、颜色和材质要求。门窗制作厂家应根据建筑施工图和门窗技术指标绘制门窗的立面分格和构造大样，按规范及节能报告书确定玻璃厚度、框体型材及五金配件，并现场复核门窗数量，经设计人员及业主审定后进行施工。

（5）门窗玻璃的选用及制作应遵照《建筑玻璃应用技术规程》（JGJ 113—2015）和《建筑安全玻璃管理规定》（发改运行〔2003〕2116号）及地方主管部门的有关规定。

（6）外墙推拉窗应加设防止窗扇脱落的限位装置，塑钢门窗与洞口的固定连接必须采用弹性连接（填矿棉、泡沫塑料），不得直接填水泥砂浆。

4. 屋面

（1）本工程的屋面均为刚性防水平屋面，防水等级为Ⅱ级，防水层合理使用年限为15年，具体做法详见《××地区建筑标准设计通用图》。

（2）屋面做法及屋面节点索引见建筑施工“屋面平面图”，露台、雨篷等见各层平面图及有关详图。

（3）本工程为屋面建筑找坡，排水坡度及屋面排水组织见建筑施工屋顶平面图，排水雨水管见水施图。

5. 楼地面

（1）底层地面为水泥砂浆楼面：① 钢筋混凝土楼板；② 水泥浆一道（内掺建筑胶）；③ 20mm 厚 1：2.5 水泥砂浆面层铁板赶光。

（2）住宅楼地面为水泥砂浆楼面；楼梯间为水泥豆石地面：① 钢筋混凝土楼板；② 水泥浆结合层一道（水灰比 0.4％～0.5％）；③ 30mm 厚 1：2.5 水泥豆石面层铁板赶光。

（3）卫生间、盥洗间楼地面标高均较室内楼地面标高低 50mm。卫生间结构低于楼面 400mm，做 1.5mm 厚防水涂膜两遍，四周沿墙做 1.5mm 厚防水涂料两遍上翻至 1.5m 高。

6. 内装

内墙做法详见室内装修做法措施表。厨房、卫生间墙面贴 5mm 厚白色瓷砖，做法详见室内装修做法措施表。所有顶棚均采用白色乳胶漆顶棚，厨房、卫生间顶棚采用轻钢龙骨 PVC 扣板吊顶，做法详见室内装修做法措施表。

7. 外装

采用外墙面砖，具体色彩及分格详见效果图及立面图。

（1）本工程具体做法详见建筑构造做法表。

（2）所有装饰材料的规格、品种和色彩应严格执行标准。在备料施工前做出样板，并经设计单位及业主单位认可后方可进行施工。

（3）室内二次装修设计必须符合《建筑内部装修设计防火规范》（GB 50222—1995）的要求。

8. 节能设计

（1）外墙采用无机保温砂浆建筑保温系统，屋面保温隔热采用复合硅酸盐板。

（2）外窗采用塑钢窗框 6 透明＋9A＋6 透明。

（3）具体节能措施详见节能设计说明。

（十一）工程特点

该工程为××商住楼工程，采用总价包干合同。建设单位对质量、工期和成本要求比较严格，工程采用商品混凝土，质量控制有一定难度，而且场地狭小，回填土较厚，雨多路滑，施工不便。

二、工程要求

（1）工期要求：从××××年××月××日开工至××××年××月××日完工，总工期 1 年，共计 365 日历天。

（2）质量要求：合格。

（3）安全要求：零伤亡。

【背景材料2】××学校高层住宅楼工程资料

工程概况：

1. 建筑设计特点

（1）本工程为学校高层住宅楼工程，位于××市××路西，××路以北，由高层住宅楼和地下车库组成。高层住宅楼东西长74.5m，南北宽18.35m，建筑面积31214.8m^2。高层住宅楼共分三个单元，在27～28轴间设一道变形缝。地下一层，地上二十八层。建筑层高：地下一层4.8m，标准层3.0m，机房4.5m。建筑总高度为85.5m，±0.000相当于绝对标高781.1m，室内外高差1.2m。

（2）高层住宅楼建筑类别为一类高层建筑。地下室防水等级为二级，抗渗等级为S6，采用结构自防水与外防水结合。屋面防水等级为二级，采用两道防水。卫生间防水采用1.5mm厚聚氨酯防水涂膜，分三次涂刷。

（3）消防设计：本工程耐火等级为一级。地下室分为两个防火分区，地上住宅部分每单元设一部消防电梯，电梯前室设加压送风道。地下车库分为三个防火分区，每个防火分区均设有人员疏散出入口，最远点到出入口的距离满足防火规范要求。

（4）建筑节能：本工程按住宅节能50%设计，外墙为50mm厚挤塑聚苯板外保温，屋面为50mm厚挤塑聚苯板，地下室顶板为50mm厚挤塑聚苯板，顶层和底层阳台与空气接触部分顶底板、飘窗上下均用50mm厚挤塑聚苯板。

2. 结构设计特点

本工程住宅楼结构形式为现浇钢筋混凝土剪力墙结构，建筑结构安全等级为二级，抗震设防烈度为8度，抗震设防类别为二类，剪力墙抗震等级为一级，设计使用年限为50年。

（1）基础：住宅楼基础形式为筏板基础，基底标高－6.1m，电梯间基础底标高为－7.6m，基础底板厚600mm。

（2）主要结构材料：混凝土强度等级：基础垫层为C10，基础、地下一层至四层柱、墙为C40，五至七层柱、墙为C35，八层以上柱、墙及所有框架梁、板、楼梯为C30，基础底板、地下室外墙混凝土抗渗等级为S6。

钢筋：采用普通HPB235和HRB335级钢筋，楼板采用HRB340级冷轧带肋钢筋。

（3）地下室采用200mm厚黏土空心砖，M5水泥砂浆砌筑，地上部分采用200mm厚加气混凝土砌块。其中一、二层卫生间采用200mm厚黏土空心砖，隔墙采用120mm黏土砖。地上部分均采用M5混合砂浆。

3. 专业安装设计特点

（1）电气设计：包括电力配电系统、照明配电系统、有线电视系统、电话系统、楼宇对讲系统、数据布线系统、火灾自动报警及联动控制系统、防雷及接地系统。

（2）给排水设计：包括室内给排水系统、消防系统、室外管网及供水设施等。

（3）暖通设计：包括采暖系统、通风系统、防排烟系统。

4. 主要工程做法

(1) 防水：根据本工程岩土工程勘察报告，地下水属孔隙潜水与微承压水的混合水，地下水位在－5.1～7.4m间，水对混凝土及混凝土中的钢筋有弱腐蚀性。地下室防水等级为2级，抗渗等级为S6，采用结构自防水与外防水相结合的方式。在钢筋混凝土的外墙，底板掺UEA膨胀剂，以提高结构的自防水能力。外墙外侧及基础底板做1.5mm厚氯化聚乙烯彩色卷材。屋面防水等级为二级，采用两道防水，1.2mm厚氯化聚乙烯彩色卷材和2mm厚聚氨酯涂膜。卫生间防水采用1.5mm厚聚氨酯防水涂膜，分三次涂刷，周边卷起1.5m高，卫生间完成面比相邻楼板低20mm，并向地漏找0.5%坡。有防水要求的房间穿墙板立管均应预埋防水套管，并高出楼面30mm，套管与立管之间用建筑密封膏填实。

(2) 保温：外墙采用50mm厚挤塑聚苯板；屋面为50mm厚挤塑聚苯板；地下室顶板为50mm厚挤塑聚苯板。

(3) 外墙：贴红色外墙饰面砖，局部飘窗刷白色外墙涂料。

(4) 内墙：地下室1∶2.5水泥砂浆抹面，刷乳胶漆。地上部分1∶0.3∶2.5水泥石膏砂浆罩面。卫生间1∶0.1∶2.5水泥石膏砂浆罩面。电梯门套为花岗岩。

(5) 地面：地下室1∶2水泥砂浆压实赶光。楼面50mm厚C20细石混凝土垫层。阳台做20mm厚1∶3水泥砂浆找平层。电梯机房及楼梯做30mm厚1∶2.5水泥砂浆压实赶光。卫生间做100mm厚C20细石混凝土找坡，上做1.5mm厚聚氨酯涂膜防水层（三遍涂膜）。电梯前室为花岗岩。

(6) 顶棚：地下室、电梯机房、电梯前室、楼梯间顶棚刷乳胶漆。

(7) 门窗：外窗采用中空、断桥、彩钢、平开窗；楼梯间窗采用普通、单坡、彩钢、平开窗；阳台采用中空、普通、彩钢、平开窗。

5. 工程目标

(1) 工期目标

计划开工日期：××××年××月××日。

计划竣工日期；××××年××月××日。

总日历工期：680d。

(2) 质量目标：达到优良工程。

(3) 安全目标：杜绝重大伤亡事故，轻伤事故发生率小于12%，达到《建筑施工安全检查标准》(JGJ 59—2011) 要求，创建省级安全文明工地。

(4) 成本目标：争取经济效益最大化，确保分公司下达各项经济指标全面实现。

(5) 文明施工目标：文明施工，规范管理，施工全过程无投诉。

(6) 环保目标：降低施工噪声，减少大气污染，控制污水排放，保持环境整洁。

(7) 科学技术管理目标：积极推广应用原建设部颁布的十项新技术，加快工程进度，保证工程质量，降低工程成本。以科技进步为本，在施工中认真落实设计图纸规定的新材料，同时还要在施工过程中积极采用先进的施工工艺、施工技术和施工机械，高起点、高标准、严要求，以科学的态度进行技术管理，确保质量目标的实现。

6. 施工阶段与流水阶段

(1) 根据工期要求及施工特点，将工程划分为三个施工阶段：基础工程、主体结构工程、建筑装饰装修及屋面工程。

（2）为加快工程进度，提高周转料具及机械设备的使用效率，依据结构平面设计特点，将工程从西往东划分为三个施工段，即 1、2、3 单元每单元为一个施工段，逐层从西向东进行平面流水作业。具体划分在 15 轴右侧门窗洞口连梁跨中 1/3 范围内及㉗～㉘轴施工缝处，也可留在纵横墙的交接处。

7. 施工顺序

（1）工程总体施工顺序：先土建后安装，先结构后装修，先地下后地上，即基础工程→主体结构工程→装饰装修及屋面工程。

（2）基础施工顺序：放线→基坑开挖→放线→垫层支模→垫层混凝土浇筑→放线→筏板基础砌砖模→抹找平层→刷防水层→浇筑细石混凝土及抹水泥砂浆保护层→筏板基础钢筋绑扎→筏板基础混凝土浇筑→放线→地下一层剪力墙钢筋绑扎→地下一层墙体支模→地下一层墙体混凝土浇筑→地下一层墙体拆模→地下一层梁、板支模→地下一层梁、板钢筋绑扎→地下一层梁、板混凝土浇筑→地下室外墙水泥砂浆找平→地下室外墙防水层施工→室外基坑回填土。

（3）主体结构施工顺序：放线→剪力墙钢筋绑扎→墙体支模→剪力墙混凝土浇筑→墙体拆模→搭架→梁、板支模→梁、板钢筋绑扎→梁、板混凝土浇筑→梁、板拆模→至下一段→至上一层→依次循环至顶。

注：① 填充墙砌体落后于主体结构两层开始施工；② 楼梯随层施工；③ 阳台栏板、飘窗挑檐及其他零星构件墙体拆模后立即施工。

（4）装饰装修及屋面工程施工顺序

① 室内装饰在主体结构分部验收后即可进行施工。顺序为：门窗框安装→墙面、顶棚抹灰→地面→门窗扇安装→玻璃安装→木门油漆→清洗交工。

注：楼梯部分应适当推后，以最大限度保证成品不受破坏。

② 室外装饰在主体结构全部验收后进行。顺序为：先从上至下进行外墙贴砖及涂料粉刷→室外工程。屋面工程与外墙贴砖同步进行。

工作任务1 编制监理管理文件

1.1 监理管理文件内容及要求

1.1.1 《监理工作日志》

(1) 日志记载应从监理工作开始起至监理工作结束止，应由总监理工程师指派专人负责逐日记载。

(2)《监理工作日志》内容应专业齐全、内容真实。

(3) 总监理工程师应定期或不定期检查《监理工作日志》，提出指导意见。

(4)《监理工作日志》内容应主要包括：项目监理部人员出勤情况；现场主要在施项目；施工单位投入情况；检查、巡视线路；发现的问题及处理情况；当日召开会议主要议题、往来文件收发情况等。

施工单位投入情况包括主要工种人员、机具、材料。详见表1-1。

1.1.2 《工作联系单》

工程有关各方之间传递意见、建议、决定、通知、要求等信息宜采用《工作联系单》形式。

(1)《工作联系单》除明确要求外，一般不需回复。

(2)《工作联系单》为通用表格，工程参加各方均可使用。详见表1-2。

1.1.3 《监理通知》、《监理通知回复单》

监理工程师现场发出的指令及要求应采用《监理通知》的形式，施工单位应按照《监理通知》要求的内容执行或督促相关分包单位执行，并将执行结果用《监理通知回复单》报监理单位检查、复核。涉及应由总监理工程师审批工作内容的回复单，应由总监理工程师签署。详见表1-3、表1-4。

1.1.4 《工程暂停令》、《工程开/复工报审表》

总监理工程师应根据实际情况，按施工合同或委托监理合同约定签发《工程暂停令》。无论由何方原因造成的工程暂停，在暂停原因消失、具备复工条件时，总监理工程师应要求施工单位及时填写《工程复工报审表》，并予以签批。详见表1-5、表1-6。

1.2　职业技能实际训练

训练 1　编制《监理工作日志》

表 1-1　监理工作日志

工程名称：　　　　　　　　　　　　　　　　　　日期：　　　　　　　　　　编号：

气象情况	最高温度	最低温度	风　力
主要事项记载：			

训练 2　编制《工作联系单》

表 1-2　工作联系单

工程名称：　　　　　　　　　　　　　　　　　　　　　　　　　　编号：

致：____________（单位） 事由： 内容： （附件共　　　　页） 项目监理机构（章）： 专业监理工程师： 总监理工程师： 日　期：

训练 3　编制《监理通知》

表 1-3　监理通知

工程名称		编　号	
致：________________（施工单位） 事由： 内容： 监理工程师（签字）： 年　月　日 监理单位名称：　总监理工程师（签字）： 年　月　日			

训练 4　编制《监理通知回复单》

表 1-4　监理通知回复单

工程名称		编　号	
致：________________（监理单位） 我方接到第（　　）号监理工程师通知后，已按要求完成了________________工作，特此回复，请予以复查。 详细内容： 施工单位名称：　项目经理（签字）： 年　月　日			
复查意见： 监理工程师（签字）： 年　月　日 监理单位名称：　总监理工程师（签字）： 年　月　日			

训练5　编制《工程暂停令》

表1-5　工程暂停令

工程名称：　　　　　　　　　　　　　　　　　　　　　　　　编号：

致：________________（施工单位） 由于____ ____ 原因，经建设单位同意，现通知你方于________年______月______日______时起，暂停部位（工序）施工，并按下述要求做好后续工作。 要求： 项目监理机构（盖章）________ 总监理工程师（签字、加盖执业印章）________ 年　月　日

注：本表一式三份，项目监理机构、建设单位、施工单位各一份。

训练6　编制《工程开/复工报审表》

表1-6　工程开/复工报审表

工程名称		编号	
致：________________（监理单位） 根据合同约定，我方已完成了开/复工的各项准备工作，具备了开/复工条件，特此申请施工，请核查并批准开/复工。 附件：具备的开/复工条件 施工单位名称：　　　　项目经理（签字）：　　　　年　月　日			
审查意见： 监理工程师（签字）： 年　月　日			
审批结论： 监理单位名称：　　　　总监理工程师（签字）： 年　月　日			

工作任务2 编制施工管理文件

2.1 施工管理资料时限要求及签认权限

施工管理资料时限要求及签认权限见表2-1。

表2-1 施工管理资料时限要求及签认权限

序号	施工资料名称	完成或提交时限	主要签认责任	责任单位或部门
1	工程概况表	与施组编制同步完成	无	项目技术部
2	建设工程质量事故调（勘）查记录	事故发生后48h内提交	项目经理或项目主要负责人	项目质量部
3	建设工程质量事故报告书	事故发生后48h内提交	项目经理	项目质量部
4	施工现场质量管理检查记录	正式施工前完成并提交审核	总监理工程师或建设单位项目负责人	现场负责人 项目质量部
5	见证记录	随时完成并按周或月提交一次	取样人（施工方）和见证人（监理方）	临理单位
6	施工日志	逐日记录并按周或月提交一次	专业工长	项目工程部

2.2 工程管理资料相关规定及要求

2.2.1 《工程概况表》

《工程概况表》是对工程基本情况的简要描述，应包括单位工程的一般情况、构造特征、机电系统等。

（1）“一般情况”栏应填写工程名称、工程地址、工程类型、建设单位、勘察单位、设计单位、监理单位、建筑面积、开工日期、完工日期、结构类型等。

1）“工程名称”栏要填写全称，与建设工程规划许可证、建设工程施工许可证、施工图纸中图签的名称应一致。

2）“工程地址”栏应填写邮政地址，写明区（县）、街道门牌号。

3）“单位名称”栏的建设单位、勘察单位、设计单位、监理单位均用法人单位的名称。

（2）“构造特征”栏应结合工程设计要求，简要描述地基与基础，柱、内外墙，梁、板、楼盖，内、外墙装饰，楼地面装饰，屋面构造，防火设备等涵盖的主要项目及内容，应做到重点突出，描述全面扼要。

(3)“机电系统”栏应简要描述工程所含的机电各系统名称及主要设备的参数、机电承受的容量和电压等级等。

(4)“附注”栏中可填写一个具体工程独自具有的某些特征或特殊需要说明的内容，还可以填写采用的新材料、新产品、新技术、新工艺等。详见表 2-2。

2.2.2　《施工现场质量管理检查记录》

建筑工程项目经理部应按规定填写《施工现场质量管理检查记录》，报项目总监理工程师（或建设单位项目负责人）检查，并做出检查结论。《施工现场质量管理检查记录》应在进场后、开工前填写。通常每个单位工程只填写一次。但当项目管理有重大变化调整时，应重新检查填写。为了提高项目管理水平，在对质量管理制度检查中，应注意两点：① 了解有关人员对各项制度的熟悉程度；② 在施工过程中需要检查督促各项制度的落实。详见表 2-3。

2.2.3　《建设工程质量事故调（勘）查记录》

(1) 填写该表时应写明工程名称、时间、地点、参加人员及所在单位、姓名、职务、联系电话。

(2)“调（勘）查记录”栏应填写工程质量事故发生的时间、具体部位，造成质量事故的原因，以及现场观察的现象，并初步估计造成的经济损失。

(3) 当工程质量事故发生后，应采用影像的形式真实记录现场的情况，以作为事故原因分析的依据，当留有现场证物照片或事故证据资料时，应在“有”、“无”选择框处划“√”并标注数量。详见表 2-4。

2.2.4　《建设工程质量事故报告书》

(1) 质量事故发生后，填写质量事故报告书时，应写明质量事故发生的时间、工程项目、建设地点、建设单位、设计单位及施工单位。

(2)“经济损失”是指因质量事故导致的返工、加固等费用，包括人工费、材料费和管理费。

(3) 事故情况，包括倒塌情况（整体倒塌或局部倒塌的部位）、损失情况（伤亡人数、损失程度、倒塌面积等）；事故原因，包括设计原因（计算错误、构造不合理等）、施工原因（施工粗制滥造，材料、构配件或设备质量低劣等）、设计与施工的共同问题、不可抗力等。

(4)“事故发生后采取的措施”栏应写明对质量事故发生后采取的具体措施、对事故的控制情况及预防措施。

(5) 处理意见包括现场处理情况、设计和施工的技术措施、主要责任者及处理结果。详见表 2-5。

2.2.5　《有见证取样和送检见证人备案书》

(1) 每个单位工程须设定 1～2 名见证取样和送检见证人，见证人由施工现场监理人员担任，或由建设单位委派具备一定试验知识的专业人员担任。施工和材料、设备供应单位人员不得担任。

见证人员经培训考试合格并取得《见证人员岗位资格证书》后，方可上岗任职。单位工程见证人设定后，建设单位应向承监该工程的质量监督机构递交《有见证取样和送检见证人备案书》进行备案。见证人更换须办理变更备案手续。

（2）承担有见证试验的试验室，应在有资格承担对外试验业务的试验室或法定检测单位中选定，并向承监工程的质量监督机构备案。承担该项目的施工企业试验室不得承担该试验业务。

（3）应进行有见证取样和送检的有以下项目。

1）用于承重结构的混凝土试块（28d 标养）。

2）用于承重墙体的砌筑砂浆试块。

3）用于承重结构的钢筋和连接接头试件。

4）用于承重墙的砖和混凝土小型砌块。

5）用于拌制混凝土和砌筑砂浆的水泥。

6）用于承重结构的混凝土中使用的掺加剂。

7）地下、屋面、厕浴间使用的防水材料。

8）用于结构实体检验的混凝土同条件试块。

9）后张法施工的预应力张拉施工记录。

10）重要钢结构用钢材和焊接材料。

11）高强度螺栓（预拉力、扭矩系数摩擦面抗滑移系数）。

12）网架节点（承载力）。

13）国家规定必须实行见证取样和送检的其他试块、试件和材料。

14）合同约定应进行见证检验的项目。

15）对材料质量发生争议需要进行仲裁时可采取见证检验。

16）民用建筑工程室内饰面采用的天然花岗石材、人造木板和饰面人造木板。详见表 2-6。

2.2.6 《见证记录》

（1）施工过程中，见证人应按照有见证取样和送检计划，对施工现场的取样和送检进行见证，并在试样或其包装上做出标识、封志。标识和封志应标明样品名称、样品数量、工程名称、取样部位、取样日期，并有取样人和见证人签字。见证人应填写见证记录，见证记录应列入工程档案，承担有见证取样的试验室，在检查确认委托试验文件和试样上的见证标识、封志无误后方可进行试验，否则应拒绝试验。

（2）单位工程有见证取样和送检次数不得少于试验总数的 30%，试验总次数在 10 次以下的不得少于 2 次。

（3）重要工程或工程的重要部位可以增加有见证取样和送检次数。送检试样在现场施工试验中随机抽检，不得另外进行。

（4）有见证取样和送检的各种试验项目，凡未按规定送检或送检次数达不到要求的，其工程质量应由法定检测单位进行检测确定，其检测费用由责任方承担。

（5）《见证记录》应由（监理单位或建设单位）见证人员填写，一式三份，其中施工单位、监理单位和检测单位各一份，不得缺项、缺章。

（6）见证记录栏：宜将与试样相关的特征参数一一列入，如试样（试件）品种、类型、牌号、等级、规格和试件编号等。详见表 2-7。

2.2.7　《见证试验检测汇总表》

（1）此表由施工单位汇总填写，与其他施工资料一起纳入工程档案，作为评定工程质量的依据。

1）“试验项目”指规范规定应实行见证取样送检的某一试验项目。

2）“应试验组/次数”指该试验项目按照设计、有关标准及施工试验计划应送试的总次数。

3）“见证试验组/次数”指该试验项目按见证试验要求的实际试验次数。

（2）见证取样和送检的试验结果若达不到规定标准，试验室应向承监工程的质量监督机构报告。当试验不合格按有关规定允许加倍取样复试时，加倍取样、送检与复试也应按规定实施。

（3）各种有见证取样和送检试验资料必须真实、完整、符合规定。对伪造、涂改、抽换或丢失试验资料的行为，应对责任单位和责任人依法追究责任。详见表 2-8。

2.2.8　《施工日志》

（1）《施工日志》是施工活动的原始记录，是编制施工文件、积累资料、总结施工经验的重要依据，由项目技术负责人具体负责。

（2）《施工日志》应以单位工程为记载对象，从工程开工起至工程竣工止，按专业指定专人负责逐日记载，并保证内容真实、连续和完整。

（3）《施工日志》可采用计算机录入、打印，也可按规定式样（印制的《施工日志》）用手工填写方式记录，并装订成册，但必须保证字迹清楚、内容齐全。《施工日志》填写须及时、准确、具体，不潦草，不能随意撕毁，应妥善保管，不得丢失。

（4）当对工程资料进行核查时，或工程出现某些问题时，往往需要检查《施工日志》中的记录，以了解当时的施工情况。借助对某些施工资料中作业时间、作业条件、材料进场、试块养护等方面的横向检查对比，能够有效地核查资料的真实性与可靠性。

（5）《施工日志》填写内容，应根据工程实际情况确定，一般应有以下内容。

1）当日生产情况记录（施工部位、施工内容、机械作业、班组工作、生产存在问题等），当日技术质量安全工作记录（技术质量安全活动、检查评定验收、技术质量安全问题等）。

2）每个工程项目的开工日期、竣工日期、施工勘测资料、工程进度及上级有关指示；实际管网、拆迁、地质及水文地质情况。

3）施工中发生的问题，如变更设计、施工与设计图不符情况、变更施工方法、工程质量事故及其处理情况等。

4）建筑与结构工程（地基基础、主体结构、建筑装饰装修、建筑屋面）、机电安装工程等的生产情况记录（具体施工项目、部位、施工内容、机械作业、班组工作、生产存在问题等），技术质量安全工作记录（技术质量安全活动、检查评定验收、技术质量安全问题等）。

(6)《施工日志》中，除记录生产情况和技术质量安全工作外，若施工中出现其他问题，也要反映在日志中。

(7) 工程施工期间有间断，应在日志中加以说明，可以在停工最后一天或复工第一天日志中描述。详见表 2-9。

2.3 职业技能实际训练

训练 1 编制《工程概况表》

表 2-2 工程概况表

工程名称			工程地址		
工程类型	□1. 建筑；□2. 设备安装；□3. 装修工程			预（概）算建安工作量	
	□1. 新建；□2. 扩建；□3. 改建			元	
投资类别	□1. 外资；□2. 合资；□3. 国有；□4. 集体；□5. 民营			其中：桩基	万元
建筑面积	m^2	层　次		土建	万元
结构类型		开工日期	年　月　日	安装	万元
完工日期	年　月　日	验收日期	年　月　日	装修	万元

		单　位　名　称	资质等级	法人代表	项目负责人
建设单位					
勘察单位					
设计单位					
监理单位					
施工单位	总包				
	分包				
	分包				
	分包				
结构及装修概况	基　　础				
	主体结构				
	屋　　面				
	楼、地面				
	门　　窗				
	外　装　饰				
	内　装　饰				
	水、暖、卫				
	电　　气				
附注：					

复核人：　　　　　　　　　　填表人：

训练 2 编制《施工现场质量管理检查记录》

表 2-3 施工现场质量管理检查记录

开工日期：

<table>
<tr><td>工程名称</td><td colspan="3"></td><td>施工许可证（开工证）</td><td></td></tr>
<tr><td>建设单位</td><td colspan="3"></td><td>项目负责人</td><td></td></tr>
<tr><td>设计单位</td><td colspan="3"></td><td>项目负责人</td><td></td></tr>
<tr><td>监理单位</td><td colspan="3"></td><td>总监理工程师</td><td></td></tr>
<tr><td>施工单位</td><td></td><td>项目经理</td><td></td><td>项目技术负责人</td><td></td></tr>
</table>

序号	项 目	内 容
1	现场质量管理制度	
2	质量责任制	
3	主要专业工种操作上岗证书	
4	分包方资质与对分包单位的管理制度	
5	施工图审查情况	
6	地质勘察资料	
7	施工组织设计、施工方案及审批	
8	施工技术标准	
9	工程质量检验制度	
10	搅拌站及计量设置	
11	现场材料、设备存放与管理	
12		

检查结论：

总监理工程师：
（建设单位项目负责人）： 年 月 日

训练 3　编制《建设单位质量事故调（勘）查记录》

表 2-4　建设工程质量事故调（勘）查记录

编号：

工程名称			发生/发现日期		年　月　日
调（勘）查时间	年　月　日　时　分至　时　分				
勘察地点					
参加人员	单　位	姓　名	性　别	年　龄	职　务	电话等其他
被调查人						
陪同调（勘）查人员						
现场物证照片	□有　□无　共　张　共　页					
事故证据资料	□有　□无　共　张　共　页					
被调查人签字		调（勘）查人				

训练 4　编制《建设工程质量事故报告书》

表 2-5　建设工程质量事故报告书

编号：

工程名称		建设地点	
建设单位		设计单位	
施工单位		建筑面积（m^2） 工程造价（元）	
结构类型		事故发生地点	
上报时间		经济损失（元）	
事故经过、后果与原因分析：			
事故发生后采取的措施：			
事故责任单位、责任人及处理意见：			

负责人		报告人		日期	年　月　日

训练5　编制《有见证取样和送检见证人备案书》

表2-6　有见证取样和送检见证人备案书

____________________质量监督站：
____________________试　验　室：

我单位决定，由____________________________同志担任____工程有见证取样和送检见证人。有关的印章和签字如下，请查收备案。

有见证取样和送检印章	见证人签字

建设单位名称（盖章）：　　　　　　　　年　　月　　日

监理单位名称（盖章）：　　　　　　　　年　　月　　日

施工项目负责人签字　　　　　　　　　　年　　月　　日

训练6　编制《见证记录》

表2-7　见证记录

<table>
<tr><td>工程名称</td><td colspan="2"></td><td>编　号</td><td colspan="2"></td></tr>
<tr><td>样品名称</td><td></td><td>试件编号</td><td></td><td>取样数量</td><td></td></tr>
<tr><td>取样部位/地点</td><td colspan="2"></td><td>取样日期</td><td colspan="2"></td></tr>
<tr><td>见证取样说明</td><td colspan="5"></td></tr>
<tr><td>见证取样和送检印章</td><td colspan="5"></td></tr>
<tr><td rowspan="2">签字栏</td><td colspan="3">取样人员</td><td colspan="2">见证人员</td></tr>
<tr><td colspan="3"></td><td colspan="2"></td></tr>
</table>

注：本表由监理单位填写，一式三份，建设单位、监理单位、施工单位各留存一份。

训练 7　编制《见证试验检测汇总表》

表 2-8　见证试验检测汇总表

工程名称			编　　号	
			填表日期	
建设单位			检测单位	
监理单位			见证人员	
施工单位			取样人员	
试验项目	应试验组/次数	见证试验组/次数	不合格次数	备注
制表人：				

注：本表由施工单位填写，一式两份，监理单位、施工单位各留存一份。

训练 8　编制《施工日志》

表 2-9　施 工 日 志

日期：　　年　月　日　　星期

	天气状况	风　力	最高/最低温度	备　注
白　天				
夜　间				
生产情况记录：（部位项目、机械作业、班组工作、生产存在问题等）				
技术质量安全工作记录：（技术质量安全活动，技术质量安全问题、检查评定验收等）				
材料、构配件进场记录：				
工程负责人		记录人		

工作任务3　编制施工技术文件

3.1　施工技术资料时限要求及签认权限

施工技术资料时限要求及签认权限见表3-1。

表3-1　施工技术资料时限要求及签认权限

序号	工程资料名称	完成或提交时限	主要签认责任	责任单位或部门
1	施工组织设计及施工方案	单位或分项工程开工10d前完成	单位总工或项目技术负责人	项目总工 项目技术部
2	技术交底记录（管理层交底、操作层交底）	单位或分项工程开工2d前完成	技术、工长、分包等相关责任人	项目总工 项目技术部
3	图纸会审记录	图纸会审后7d内整理完毕并提交	各专业技术负责人	项目技术部 项目工程部
4	设计变更通知单	与设计或建设方协商确定	专业技术人员	项目总工 项目技术部
5	工程洽商记录	洽商提出后7d内完成	专业技术人员	项目总工 项目技术部

3.2　施工技术资料相关规定及要求

3.2.1　《施工组织设计及施工方案》

（1）施工组织设计（项目管理规划）是统筹计划施工，科学组织管理，采用先进技术保证工程质量，安全文明生产，环保、节能、降耗，实现设计意图，指导施工生产的技术性文件。

（2）施工方案是单位工程施工组织设计的核心，它是某分部或分项工程或某项工序在施工过程中由于难度大、工艺新或比较复杂，质量与安全性能要求高等原因，所需采取的施工技术措施，以确保施工的进度、质量、安全目标和技术经济效果。一般包括：确定施工程序和顺序、施工起点流向、主要分部分项工程的施工方法和施工机械、质量、安全、进度、资源配置等。详见表3-2。

3.2.2 《技术交底记录》

（1）《技术交底记录》应包括施工组织设计交底、专项施工方案技术交底、分项工程施工技术交底、“四新”（新材料、新产品、新技术、新工艺）技术交底和设计变更技术交底。各项交底应有文字记录，交底双方签认应齐全。

（2）重点和大型工程施工组织设计交底应由施工企业的技术负责人把主要设计要求、施工措施以及重要事项对项目主要管理人员进行交底。其他工程施工组织设计交底应由项目技术负责人进行交底。

（3）专项施工方案技术交底应由项目专业技术负责人负责，根据专项施工方案对专业工长进行交底。

（4）分项工程施工技术交底应由专业工长对专业施工班组（或专业分包）进行交底。

（5）“四新”技术交底应由项目技术负责人组织有关专业人员编制。

（6）设计变更技术交底应由项目技术部门根据变更要求，并结合具体施工步骤、措施及注意事项等对专业工长进行交底。详见表3-3。

3.2.3 《图纸会审记录》

（1）监理、施工单位应将各自提出的图纸问题及意见，按专业整理、汇总后报建设单位，由建设单位提交设计单位做交底准备。

（2）图纸会审应由建设单位组织设计、监理和施工单位技术负责人及有关人员参加。设计单位对各专业问题进行交底，施工单位负责将设计交底内容按专业汇总、整理，形成《图纸会审记录》。

（3）《图纸会审记录》应由建设、设计、监理和施工单位的项目相关负责人签认，形成正式《图纸会审记录》。不得擅自在会审记录上涂改或变更其内容。详见表3-4。

3.2.4 《设计变更通知单》

设计单位应及时下达《设计变更通知单》，内容详实，必要时应附图，并逐条注明应修改图纸的图号。《设计变更通知单》应由设计专业负责人以及建设（监理）和施工单位的相关负责人签认。详见表3-5。

3.2.5 《工程洽商记录（技术核定单）》

（1）《工程洽商记录（技术核定单）》应分专业填写，内容详实，必要时应附图，并逐条注明应修改图纸的图号。《工程洽商记录（技术核定单）》应由设计专业负责人以及建设、监理和施工单位的相关负责人签认。

（2）设计单位如委托建设（监理）单位办理签认，应办理委托手续。详见表3-6。

3.3　职业技能实际训练

训练 1　编制《施工组织设计及施工方案》

表 3-2　施工组织设计及施工方案

<table>
<tr><td>工程名称</td><td colspan="2"></td><td>日期</td><td></td></tr>
<tr><td colspan="5">现报上下表中的技术管理文件，请予以审批。</td></tr>
<tr><td>类　　别</td><td>编 制 人</td><td colspan="2">册　数</td><td>页　数</td></tr>
<tr><td>施工组织设计</td><td></td><td colspan="2"></td><td></td></tr>
<tr><td>施 工 方 案</td><td></td><td colspan="2"></td><td></td></tr>
<tr><td colspan="5">内容附后</td></tr>
<tr><td colspan="5">申报简述：

申报部门（分包单位）：　　　　　　　　申报人：</td></tr>
<tr><td colspan="5">审核意见：
□有　　□无　附页
总承包单位名称：　　　审核人：　　　审核日期：　　年　　月　　日</td></tr>
<tr><td colspan="5">审批意见：
审批结论：　　　□同意　　　□修改后报　　　□重新编制
审批部门（单位）：　　　审批人：　　　日期：　　年　　月　　日</td></tr>
</table>

训练 2　编制《技术交底记录》

表 3-3　技 术 交 底 记 录

<table>
<tr><td>工程名称</td><td colspan="3"></td><td>施工单位</td><td></td></tr>
<tr><td>交底部位</td><td colspan="3"></td><td>工序名称</td><td></td></tr>
<tr><td colspan="6">交底提要：</td></tr>
<tr><td colspan="6">交底内容：</td></tr>
<tr><td>技术负责人</td><td></td><td>交底人</td><td></td><td>接受交底人</td><td></td></tr>
</table>

注：本记录一式两份，一份交接受交底人，一份存档。

训练 3　编制《图纸会审记录》

表 3-4　图 纸 会 审 记 录

<table>
<tr><td>工程名称</td><td colspan="4"></td></tr>
<tr><td>建设单位</td><td colspan="2"></td><td>设计单位</td><td></td></tr>
<tr><td>施工单位</td><td colspan="2"></td><td>监理单位</td><td></td></tr>
<tr><td colspan="1">图纸名称及图号</td><td colspan="3">主 要 内 容</td><td>结 论 意 见</td></tr>
<tr><td></td><td colspan="3"></td><td></td></tr>
<tr><td colspan="2">建设单位签章

项目负责人：　　　年　月　日</td><td colspan="3">设计单位签章

项目负责人：　　　年　月　日</td></tr>
<tr><td colspan="2">施工单位签章

技术负责人：　　　年　月　日</td><td colspan="3">监理单位签章

总监理工程师：　　　年　月　日</td></tr>
</table>

训练 4　编制《设计变更通知单》

表 3-5　设计变更通知单

编号：

<table>
<tr><td colspan="2">工程名称</td><td colspan="1"></td><td>日　期</td><td>年　月　日</td></tr>
<tr><td colspan="5">记录内容：</td></tr>
<tr><td rowspan="2">签字盖章栏</td><td>建设单位</td><td>监理单位</td><td>设计单位</td><td>施工单位</td></tr>
<tr><td></td><td></td><td></td><td></td></tr>
</table>

训练 5　编制《工程洽商记录（技术核定单）》

表 3-6　工程洽商记录（技术核定单）

<table>
<tr><td colspan="2" rowspan="2">工程名称</td><td colspan="3" rowspan="2"></td><td>编　　号</td><td colspan="2"></td></tr>
<tr><td>日　　期</td><td colspan="2"></td></tr>
<tr><td colspan="2">提出单位</td><td colspan="3"></td><td>专业名称</td><td colspan="2"></td></tr>
<tr><td colspan="2">洽商摘要</td><td colspan="3"></td><td>页　　数</td><td colspan="2">共　页，第　页</td></tr>
<tr><td>序 号</td><td colspan="3">图　　号</td><td colspan="4">变 更 内 容</td></tr>
<tr><td></td><td colspan="3"></td><td colspan="4"></td></tr>
<tr><td rowspan="2">签
字
栏</td><td colspan="2">建设单位（公章）</td><td colspan="2">监理单位（公章）</td><td colspan="2">设计单位（公章）</td><td>施工单位（公章）</td></tr>
<tr><td colspan="2">代表：</td><td colspan="2">代表：</td><td colspan="2">代表：</td><td>代表：</td></tr>
</table>

工作任务4　编制施工物资及进场检测文件

4.1　施工物资资料时限要求及签认权限

施工物资资料时限要求及签认权限见表4-1。

表4-1　施工物资资料时限要求及签认权限

<table>
<tr><th>序号</th><th>工程资料名称</th><th>完成或提交时限</th><th>主要签认责任</th><th>责任单位或部门</th></tr>
<tr><td>1</td><td>材料、构配件进场检验记录</td><td>进场验收通过后1d内提交</td><td rowspan="3">材料员、质量员</td><td>项目物资部、机电部</td></tr>
<tr><td>2</td><td>设备开箱检验记录（机电通用）</td><td rowspan="2">进场验收通过后1d内提交</td><td rowspan="2">项目物资部</td></tr>
<tr><td>3</td><td>设备及管道附件试验记录（机电通用）</td></tr>
<tr><td>4</td><td>半成品钢筋出厂合格证</td><td>随物资进场提交</td><td rowspan="4">供应单位技术负责人</td><td rowspan="4">供应单位提供，项目物资部收集</td></tr>
<tr><td>5</td><td>预制混凝土构件出厂合格证</td><td>随物资进场提交</td></tr>
<tr><td>6</td><td>钢构件出厂合格证</td><td>随物资进场提交</td></tr>
<tr><td>7</td><td>预拌混凝土出厂合格证</td><td>混凝土出场后30d内提交</td></tr>
<tr><td>8</td><td>水泥出厂合格证、物理化学性能和放射性检测报告</td><td>随物资进场提交</td><td>无</td><td>供应单位提供，项目物资部收集</td></tr>
</table>

4.2　施工物资资料相关规定及要求

4.2.1　一般规定

（1）工程物资主要包括建筑材料、成品、半成品、构配件、设备等，建筑工程所使用的工程物资均应有出厂质量证明文件（包括产品合格证、质量合格证、检验报告、试验报告、产品生产许可证和质量保证书等）。质量证明文件应反映工程物资的品种、规格、数量、性能指标等，并与实际进场物资相符。

（2）质量证明文件的复印件应与原件内容一致，加盖原件存放单位公章，注明原件存放处，并有经办人签字和时间。

（3）建筑工程采用的主要材料、半成品、成品、构配件、器具、设备应进行现场验收，有进场检验记录；涉及安全、功能的有关物资应按工程施工质量验收规范及相关规定进行复试（试验单位应向委托单位提供电子版试验数据）或有见证取样送检，有相应试（检）验报告。

(4) 涉及结构安全和使用功能的材料需要代换且改变了设计要求时，应有设计单位签署的认可文件。

(5) 涉及安全、卫生、环保的物资应有相应资质等级检测单位的检测报告，如压力容器、消防设备、生活供水设备、卫生洁具等。

(6) 凡使用的新材料、新产品，应由具备鉴定资格的单位或部门出具鉴定证书，同时具有产品质量标准和试验要求，使用前应按其质量标准和试验要求进行试验或检验。新材料、新产品还应提供安装、维修、使用和工艺标准等相关技术文件。

(7) 进口材料和设备等应有商检证明（国家认证委员会公布的强制性认证［CCC］产品除外）、中文版的质量证明文件、性能检测报告以及中文版的安装、维修、使用、试验要求等技术文件。

(8) 建筑电气产品中被列入《实施强制性产品认证的产品目录》的，必须经过“中国国家认证认可监督管理委员会”认证，认证标志为“中国强制认证（CCC)”，并在认证有效期内，符合认证要求方可使用。

(9) 施工物资资料应实行分级管理。供应单位或加工单位负责收集、整理和保存所供物资原材料的质量证明文件，施工单位则需收集、整理和保存所供物资原材料的质量证明文件和进场后进行的试（检）验报告。各单位应对各自范围内工程资料的汇集、整理结果负责，并保证工程资料的可追溯性。

4.2.2　《材料、构配件进场检验记录》

材料、构配件进场后，主要检验内容包括：

(1) 物资出厂质量证明文件检验（测）报告是否齐全。

(2) 实际进场物资数量、规格和型号等是否满足设计和施工计划要求。

(3) 物资外观质量是否满足设计及规范要求。

(4) 按规定需进行抽检的材料、构配件是否及时抽检，检验结果和结论是否齐全。

(5) 按规定应进场复试的工程物资，必须在进场检查验收合格后取样复试。详见表 4-2。

4.2.3　《材料试验报告》

凡按规范要求须做进场复试的物资，且无专用复试表格的，应使用《材料试验报告》。详见表 4-3、表 4-4。

4.2.4　《设备开箱检验记录》

设备进场后，由建设（监理）、施工和供货单位共同开箱检验并做记录。详见表 4-5。

4.2.5　《设备及管道附件试验记录》

设备、阀门、密闭水箱（罐）、风机盘管、成组散热器及其他散热器设备等安装前，均应按规定进行强度试验并做记录。详见表 4-6。

4.3 职业技能实际训练

训练 1 编制《材料、构配件进场检验记录》

表 4-2 材料、构配件进场检验记录

工程名称					编 号		
施工单位				检验日期			
序 号	名 称	规格型号	进场数量	生产厂家 合格证号	外观检验项目 检验结果	试件编号 复验结果	备 注
检验意见（施工单位）：							
验收意见（监理/建设单位）：							
签字栏	施工单位			专业质检员	专业工长		检验员
	建设（监理）单位				专业工程师		

训练 2 编制《材料试验报告》

表 4-3 钢材检验报告

委托单位： 送样日期： 年 月 日

报告编号： 报告日期： 年 月 日

工程名称						使用部位				
试件编号	种类名称		牌 号	等 级		规 格				
质量证 明书号	代表数量		检验日期		检验依据		检验条件			
检验项目	直径 厚度 （mm）	屈服点 强度 （MPa）	抗拉 强度 （MPa）	伸长 率（%）	总伸长 率（%）	冷弯 弯心直径 d=弯曲 角度	结果	强屈比	超 屈 比	重量 偏负 差（%）
标准要求		≥335	≥455	≥17	≥9	180°$d=3a$	合格	≥1.25	≤1.30	≤8%
试 验 结 果										

续表

检验项目	碳（C）（%）	硅（Si）（%）	锰（Mn）（%）	磷（P）（%）	硫（S）（%）	氧（O）（%）
标准要求						
检验结果						
结论						
备注						
施工单位：						
建设监理单位：						
试验单位：	负责人：		审核：		试验：	

表 4-4　水泥试验报告

委托编号				试验编号						
委托单位				委托日期						
工程名称				试验日期						
使用部位				出厂日期						
品种强度等级				强度试验日期	3d					
					28d					
生产厂家				代表批量						
主要仪器设备										
见 证 员	单位：			姓名：			编号：			
执行标准										
试验项目			标准规定	试验结果						平均值
强度（MPa）	3d	抗折	2.5							
		抗压	10.0							
	28d	抗折	5.5							
		抗压	32.5							
凝结时间（min）		初凝	>45min							
		终凝	<600min							
安定性		试饼或雷氏法	合格							
细度（%）		负压筛析法	<10.0							
结论	试验单位（章）： 年　　月　　日							备注		
试验人：			审核人：			技术负责人：				
施工技术负责人：				监理工程师（建设单位代表）：						

训练3　编制《设备开箱检验记录》

表4-5　设备开箱检验记录

工程名称				
施工单位			分部工程	
设备名称			装箱单号	
型号规格			总数量	
出厂编号			出厂日期	
制造厂名			检查日期	
设备主要技术性能				
技术文件	装箱单	____份____张	合格证	____份____张
	说明书	____份____张	装箱图纸	____份____张
	其　他			
设备检查情况	包　装			
	设　备 外　观			
	零部件			
	其　他			
存在问题及处理意见			处理情况	
结　论				
专业监理工程师（建设单位项目专业技术负责人）		施工单位	质检员	
			施工员	

训练4　编制《设备及管道附件试验记录》

表4-6　设备及管道附件试验记录

工程名称	××工程				使用部位			给水系统
设备/管道附件名称	型　号	规　格	编　号	介　质	强度试验		严密性试验（MPa）	试验结果
					压力（MPa）	停压时间		
施工单位			试　验			试验日期		年　月　日

注：本表由施工单位填写，建设单位、施工单位各保存一份。

工作任务5　编制施工记录文件

5.1　施工记录文件时限要求及签认权限

施工记录文件时限要求及签认权限见表5-1。

表5-1　施工记录文件时限要求及签认权限

序号	工程资料名称	完成或提交时限	主要签认责任	责任单位或部门
1	隐蔽工程检查记录	检查合格后1d内完成，检验批验收前提交	质量、工长	项目工程部、质量部
2	预检记录	检查合格后1d内完成，检验批验收前提交	质量、工长	项目工程部、质量部
3	工程定位测量记录	在定位完成后2d内提交	技术、质量、测量等相关人员	项目测量员或委托的测量单位
4	基槽验线记录	在验线完成后2d内提交	技术、质量、测量等相关人员	项目测量员
5	楼层平面放线记录	在放线完成后1d内提交	技术、质量、测量等相关人员	项目测量员
6	楼层标高抄测记录	在抄测完成后1d内提交	技术、质量、测量等相关人员	项目测量员
7	建筑物垂直度、标高测量记录	在每次测量结束后7d内提交	技术、质量、测量等相关人员	项目测量员
8	沉降观测记录	在每次沉降观测结束后7d内提交	由沉降观测单位相关责任人签认	由建设单位委托的观测单位提供
9	地基验槽检查记录	地基验槽通过的当日完成	项目技术负责人	项目工程部
10	地基钎探记录	地基验槽前3d提交	工长	项目工程部
11	混凝土浇灌申请书	每次混凝土浇筑前提交	工长、质量	项目工程部
12	预拌混凝土运输单	随混凝土运输车提供	混凝土供应单位、工长	混凝土供应单位提供
13	混凝土开盘鉴定	每次鉴定通过的当日完成，混凝土原材料及配合比设计检验批验收前1d提交	项目技术负责人	项目工程部或混凝土供应单位
14	混凝土拆模申清单	每次拆模前完成，模板拆除检验批验收前提交	项目技术负责人、工长	项目工程部
15	混凝土搅拌测温记录	冬期施工期间按周或月提交	工长、测温员	项目工程部
16	混凝土养护测温记录	冬期施工期间按周或月提交	工长、测温员	项目工程部

续表

序号	工程资料名称	完成或提交时限	主要签认责任	责任单位或部门
17	构件吊装记录	吊装期间及时完成按周或月提交	工长、质量员	项目工程部
18	地下工程防水效果检查记录	检查通过当日内完成，地下防水工程验收前提交	工长、质量员	项目工程部
19	防水工程试水检查记录	检查通过当日内完成，防水层检验批验收前1d提交	工长、质量员	项目工程部
20	通风（烟）道、垃圾道检查记录	检查通过当日内完成	工长、质量员	项目工程部
21	预应力筋张拉记录	张拉结束后的2d内完成，预应力张拉检验批验收前1d提交	专业分包工长、质量员	专业分包提供

5.2 施工记录文件相关规定及要求

5.2.1 《隐蔽工程检查记录》

隐蔽工程是指工程工序被下道工序所掩盖，其自身的质量无法再进行检查的工程。

隐检即对隐蔽工程进行检查，并通过表格的形式将工程隐检项目的隐检内容、质量情况、检查意见、复查意见等记录下来，作为以后建筑工程的维护、改造、扩建等重要的技术资料。隐检合格后方可进行下道工序施工。

（1）隐检程序。

隐蔽工程检查是保证工程质量与安全的重要过程控制检查，应分专业（土建专业、给水排水专业、电气专业、通风空调专业等）、分系统（机电工程）、分区段（划分的施工段）、分部位（主体结构、装饰装修等）、分工序（钢筋工程、防水工程等）、分层进行。

隐蔽工程施工完毕后，由专业工长填写隐检记录，项目技术负责人组织监理单位旁站，施工单位专业工长、质量检查员共同参加。验收后由监理单位签署审核意见，并下审核结论。若检查存在问题，则在审核结论中给予明示。对存在的问题，必须按处理意见进行处理，处理后对该项进行复查，并将复查结论填入栏内。

凡未经过隐蔽工程验收或验收不合格的工程，不允许进行下一道工序的施工。

（2）主要隐检项目及内容。

1）地基基础工程与主体结构工程

① 土方工程

a. 检查内容：依据施工图纸、地质勘探报告、有关施工验收规范要求，检查基底清理情况、基底标高、基底轮廓尺寸等情况。

b. 填写要点：土方工程隐检记录中要注明施工图纸编号，地质勘测报告编号，将检查内容描述清楚。

② 支护工程

a. 检查内容：依据施工图纸、有关施工验收规范要求和基坑支护方案、技术交底，检查锚杆、土钉的品种规格、数量、插入长度、钻孔直径、深度和角度；检查地下连续墙成槽宽度、深度、倾斜度、钢筋笼规格、位置、槽底清理、沉渣厚度情况。

b. 填写要点：支护工程隐检记录中要注明施工图纸编号，地质勘测报告编号，锚杆、土钉的品种规格、数量、插入长度、钻孔直径等主要数据描述清楚。

③ 桩基工程

a. 检查内容：依据施工图纸、有关施工验收规范要求和桩基施工方案、技术交底，检查钢筋笼规格、尺寸、沉渣厚度、清孔等情况。

b. 填写要点：桩基工程隐检记录中要注明施工图纸编号，地质勘测报告编号，将检查的钢筋笼规格、尺寸、沉渣厚度、清孔等情况描述清楚。

④ 地下防水工程

a. 检查内容：依据施工图纸、有关施工验收规范要求和防水施工方案、技术交底，检查混凝土的变形缝、施工缝、后浇带、穿墙套管、预埋件等设置的形式和构造等情况；检查防水层的基层处理，防水材料的规格、厚度、铺设方式、阴阳角处理、搭接密封处理等情况。

b. 填写要点：地下防水工程隐检记录中要注明施工图纸编号，刚性防水混凝土的强度等级、抗渗等级，柔性防水材料的型号、规格、防水材料的复试报告编号、施工铺设方法、搭接长度、宽度尺寸等情况，还应将阴阳角处理、附加层情况等描述清楚，必要时可附简图加以说明。

⑤ 结构钢筋绑扎

a. 检查内容：依据施工图纸、有关施工验收规范要求和钢筋施工方案、技术交底，检查钢筋的品种、规格、数量、位置、锚固和接头位置、搭接长度、保护层厚度、钢筋及垫块绑扎和钢筋除锈等情况。

b. 填写要点：钢筋工程隐检记录中要注明施工图纸编号，主要钢筋原材复试报告编号，钢筋竖向水平各自的型号、排距、保护层尺寸，箍筋的型号、间距尺寸，钢筋绑扎接头长度尺寸，垫块规格尺寸等，若钢筋规格与图纸不相符，还应将钢筋代用变更的洽商编号填写清楚，检查内容应尽量描述清楚。

⑥ 结构钢筋连接

a. 检查内容：依据施工图纸、有关施工验收规范要求和钢筋施工方案、技术交底，检查钢筋连接形式、连接种类、接头位置、数量和连接质量，若是焊接，还要检查焊条、焊剂的产品质量，检查焊口形式、焊缝长度、厚度、表面清渣等情况。

b. 填写要点：钢筋连接隐检记录中要注明施工图纸编号，钢筋连接试验报告编号，钢筋连接的种类（焊接、机械连接），连接形式（锥螺纹连接、滚压直螺纹连接、钢套筒连接、剥肋直螺纹连接、电渣压力焊、闪光对焊等），焊（连）接的具体规格尺寸、数量、接头位置应描述清楚，对不同连接形式分别填写隐检记录。

⑦ 预应力工程

a. 检查内容：依据施工图纸、有关施工验收规范要求和预应力施工方案、技术交底，检查预应力筋的品种、规格、数量、位置，预留孔道的规格、数量、位置、形状及灌浆孔、排气兼泌水管的情况等，预应力筋的下料长度、切断方法、竖向位置偏差、固定、护套的完整性，锚具、夹具和连接器的组装等情况，锚固区局部加强构造情况。

b. 填写要点：预应力工程隐检记录中要注明施工图纸编号，预应力的种类（有粘接或无粘接），预应力的方法（先张法、后张法），锚具的规格型号，预应力筋的长度尺寸，预埋垫板的尺寸等，将检查内容描述清楚。

⑧ 钢结构（网架）工程

a. 检查内容：依据施工图纸、有关施工验收规范要求和施工方案、技术交底，检查地脚螺栓规格、位置、埋设方法、紧固情况等；防火涂料涂装基层的涂料遍数及涂层厚度；网架焊接球节点的连接方式、质量情况；网架支座锚栓的位置、支撑垫块的种类及锚栓的紧固情况等。

b. 填写要点：钢结构（网架）工程隐检记录中要注明施工图纸编号，主要材料的型号规格，主要原材料的复试报告编号，将检查内容描述清楚。

⑨ 外墙内（外）保温构造节点做法

a. 检查内容：依据施工图纸、有关施工验收规范要求和施工方案、技术交底，检查构造节点的连接方法等情况。

b. 填写要点：隐检记录中要注明施工图纸编号，保温材料的种类规格、厚度，可附与外墙板连接的节点简图等，将检查内容描述清楚。

2）建筑装饰装修工程

① 地面工程

a. 检查内容：依据施工图纸、有关施工验收规范要求和施工方案、技术交底，检查各基层（垫层、找平层、隔离层、填充层）的材料品种、规格、铺设厚度、铺设方式、坡度、标高、表面情况、节点密封处理等情况。

b. 填写要点：地面工程隐检记录中要注明施工图纸编号，地面铺设的类型（石材地面、木材地面、水泥地面、板材地面），材料的品种规格等，将检查内容描述清楚。

② 厕浴防水

a. 检查内容：依据施工图纸、有关施工验收规范要求和施工方案、技术交底，检查基层表面含水率、地漏、套管、卫生器具根部、阴阳角等部位的处理情况，防水层墙面的涂刷情况。

b. 填写要点：厕浴防水隐检记录中要注明施工图纸编号，防水材料的复试报告编号，防水材料的品种、涂刷厚度，玻钎布的搭接宽度，地漏、套管、卫生器具根部附加层的情况，防水层从地面延伸到墙面的高度尺寸等，将检查内容描述清楚。

③ 抹灰工程

a. 检查内容：依据施工图纸、有关施工验收规范要求和施工方案、技术交底，检查具有加强措施的材料规格、固定方法、搭接情况等。

b. 填写要点：抹灰工程隐检记录中要注明施工图纸编号，水泥复试报告编号，应将不同材料基体交接处表面的抹灰采取防止开裂的加强措施描述清楚。

④ 门窗工程

a. 检查内容：依据施工图纸、有关施工验收规范要求和施工方案、技术交底，检查预埋件和锚固件、螺栓等数量、位置、间距、埋设方式、与框的连接方式、防腐处理、缝隙的嵌填、密封材料的粘结等情况。

b. 填写要点：门窗工程隐检记录中要注明施工图纸编号，门窗的类型（木门窗、铝合金门窗、塑料门窗、玻璃门、金属门、防火门），预埋件和锚固件的位置，木门窗预埋木砖的防腐处理、与墙体间缝隙的填嵌材料、保温材料等；金属门窗的预埋件位置、埋设方式、密封处理等情况；塑料门窗内衬型钢的壁厚尺寸，门窗框、副框和扇的安装固定片活膨胀螺栓的数量等情况要描述清楚；特种门窗的防火防腐处理，与框的连接方式等。

⑤ 吊顶工程

a. 检查内容：依据二次设计施工图纸、有关施工验收规范要求和施工方案、技术交底，检查吊顶龙骨材质、规格、间距、连接固定方式、表面防火防腐处理、吊顶材料外观质量情况、接缝和角缝情况等。

b. 填写要点：吊项工程隐检记录中要注明施工图纸编号，洽商记录编号，吊顶类型（明龙骨吊顶、暗龙骨吊顶），采用骨架类型（轻钢龙骨、铝合金龙骨、木龙骨等），吊顶材料的种类（石膏板、金属板、矿棉板、塑料板、玻璃板），材料的规格，吊杆、龙骨的材质、规格、安装间距及连接方式，金属吊杆、龙骨表面的防腐处理，木龙骨的防腐、防火处理等情况描述清楚，吊顶内的各种管道设备的检查及水管试压等情况也应描述清楚。

⑥ 轻质隔墙工程

a. 检查内容：依据施工图纸、有关施工验收规范要求和施工方案、技术交底，检查预埋件、连接件、拉结筋的位置、数量、连接方法、与周边墙体及顶棚的连接、龙骨连接、间距、防火防腐处理、填充材料设置等情况。

b. 填写要点：轻质隔墙工程隐检记录中要注明施工图纸编号，轻质隔墙的类型（板材隔墙、骨架隔墙、活动隔墙、玻璃隔墙），板材的种类（复合轻质隔墙板、石膏空心板、预制或现制钢丝网水泥板等），规格型号，预埋件、连接件的位置及连接方法应描述清楚。

⑦ 饰面板（砖）工程

a. 检查内容：依据二次设计施工图纸、有关施工验收规范要求和施工方案、技术交底，检查预埋件（后置埋件）、连接件规格、数量、位置、连接方法、防腐处理、防火处理等情况，有防水构造要求的应检查防水层、找平层的构造做法。

b. 填写要点：饰面板（砖）工程隐检记录中要注明施工图纸编号，饰面工程材料的种类（石材、木装饰墙、软包墙、金属板墙），板材的规格、龙骨间距等，将检查内容描述清楚。

⑧ 细部工程

a. 检查内容：依据施工图纸、有关施工验收规范要求和施工方案、技术交底，检查预埋件或后置埋件的数量、规格、位置等情况；用方木制成的搁栅骨架的防腐处理，螺钉防锈处理等情况。

b. 填写要点：细部工程隐检记录中要注明施工图纸编号，材料的种类，有无特殊要求；护栏扶手、橱柜、窗帘盒、窗台板等安装的预埋件的数量、规格、位置及连接方法，将检查内容描述清楚。

⑨ 幕墙工程

a. 检查内容：依据二次设计施工图纸、有关施工验收规范要求和施工方案、技术交底，检查构件与主体结构的连接节点的安装；幕墙四周、幕墙表面与主体结构之间间隙节点的安装；幕墙伸缩缝、沉降缝、防震缝及墙面转角节点的安装；幕墙防雷接地节点的安装等情况。

b. 填写要点：幕墙工程隐检记录中要注明施工图纸编号，幕墙类型（玻璃幕墙、金属幕墙、石材幕墙），主要材料的规格型号，预埋件具体位置，主体结构与立柱、立柱与横梁连接节点安装及防腐处理；防雷节点的位置，防火、防水、保温情况等，将检查内容描述清楚。

3）建筑屋面工程

① 屋面细部

a. 检查内容：依据施工图纸、有关施工验收规范要求和施工方案、技术交底，检查屋面基层、找平层、保温层的情况，材料的品种、规格、厚度、铺贴方式、附加层、天沟、泛水和变形缝处细部做法、密封部位的处理等情况。

b. 填写要点：屋面细部隐检记录中要注明施工图纸编号，屋面基层情况，找平层坡度，保温材料的厚度、规格尺寸，将检查内容描述清楚。

② 屋面防水

a. 检查内容：依据施工图纸、有关施工验收规范要求和施工方案、技术交底，检查基层含水率，防水层的材料品种、规格、厚度、铺贴方式等情况；

b. 填写要点：屋面防水隐检记录中要注明施工图纸编号，防水材料复试编号，防水材料的品种、规格型号，防水卷材搭接长度、上下层错开搭接尺寸等，附加层、细部及密封部位处理等描述清楚。

4）建筑给水、排水及采暖工程

① 隐蔽工程检查项目的划分

隐蔽工程检查项目的划分一般按系统、安装部位和时间、工序进行。

a. 检查的项目按系统分为子分部和分项工程，详细划分情况可参考《建筑给水排水及采暖工程施工质量验收规范》（GB 50242—2002）中附录A的要求；

b. 每个子分部、分项工程的检查、记录应按施工部位（分区、层、段或干、支管）和安装时间、工序的先后顺序进行；

c. 一般情况下，不同类型建筑的施工检查项目可按以下情况进行划分：

A. 各子分部工程的系统干管应作为一个项目检查一次；

B. 多层民用住宅工程可按不同的子分部工程，每一单元的立、支管安装作为一个项目检查一次；

C. 高层民用住宅工程可按不同的子分部工程，分系统进行检查，每个系统可将6～7个层的立、支管安装作为一个项目检查一次；

D. 多层公用建筑工程可按不同的子分部工程，每个系统的管道安装作为一个项目检查一次；

E. 高层公用建筑工程可按不同的子分部工程，分系统进行检查，每个系统可将10～12个层的立、支管安装作为一个项目检查一次。

② 主要隐检项目及内容

a. 直埋于地下或结构中，暗敷设于沟槽、管井、不进人吊顶内的给水、排水、雨水、采暖、消防管道和相关设备，以及有防水要求的套管：检查管材、管件、阀门、设备的材质与型号、安装位置、标高、坡度；防水套管的定位及尺寸；管道连接做法及质量；附件使用，支架固定，以及是否已按照设计要求及施工规范规定完成强度严密性、冲洗等试验；

b. 有绝热、防腐要求的给水、排水、采暖、消防、喷淋管道和相关设备：检查绝热方式、绝热材料的材质与规格、绝热管道与支吊架之间的防结露措施、防腐处理材料及做法等；

c. 埋地的采暖、热水管道，在保温层、保护层完成后，所在部位进行回填之前，应进行隐检：检查安装位置、标高、坡度；支架做法；保温层、保护层设置；水压试验结果及冲洗情况等；

d. 埋地管道穿卫生间门口或墙体应设置套管，在垫层施工之前也应对该套管进行隐检。

5）建筑电气工程

① 主要隐检项目及内容

a. 埋于结构内的各种电线导管：检查导管的品种、规格、位置、弯扁度、弯曲半径、连接、跨接地线、防腐、管盒固定、管口处理、敷设情况、保护层、需焊接部位的焊接质量等；

b. 利用结构钢筋做的避雷引下线：检查轴线位置、钢筋数量、规格、搭接长度、焊接质量，与接地极、避雷网、均压环等连接点的焊接情况等；

c. 等电位及均压环暗埋：检查使用材料的品种、规格、安装位置、连接方法、连接质量、保护层厚度等；

d. 接地极装置埋设：检查接地极的位置、间距、数量、材质、埋深，接地极的连接方法、连接质量、防腐情况等；

e. 金属门窗、幕墙与避雷引下线的连接：检查连接材料的品种、规格，连接位置和数量，连接方法和质量等；

f. 不进人吊顶内的电线导管：检查导管的品种、规格、位置、弯扁度、弯曲半径、连接、跨接地线、防腐、需焊接部位的焊接质量、管盒固定、管口处理、固定方法、固定间距等；

g. 不进人吊顶内的线槽：检查材料品种、规格、位置、连接、接地、防腐、固定方法、固定间距及与其他管线的位置关系等；

h. 直埋电缆：检查电缆的品种、规格、埋设方法、埋深、弯曲半径、标桩埋设情况等；

i. 不进人的电缆沟敷设电缆：检查电缆的品种、规格、弯曲半径、固定方法、固定间距、标识情况等。

② 隐蔽工程的检查方法

a. 敷设在素土内的线管和电缆应分块、分区检查；

b. 敷设在混凝土内的线管应随土建进度分墙体、顶板检查；

c. 敷设在混凝土内的防雷接地、引线及均压环应分层或分区随土建进度检查；

d. 二次设备接地、防静电、等电位、地槽、门窗接地应分层或分区检查；

e. 吊顶内的配管、线槽、桥架、母线安装应分层或分区检查；

f. 封闭竖井内的配管、线槽、桥架、母线安装应按井号或电气回路检查。

6）通风与空调工程

① 敷设于竖井内、不进人吊顶内的风道（包括各类附件、部件、设备等）：检查风道的标高、材质，接头、接口严密性，附件、部件安装位置，支、吊、托架安装、固定，活动部件是否灵活可靠、方向是否正确，风道分支、变径处理是否合理、是否符合要求，是否已按照设计要求及施工规范规定完成风管的漏光、漏风检测，空调水管道的强度严密性、冲洗等试验。

② 有绝热、防腐要求的风管、空调水管及设备：检查绝热形式与做法、绝热材料的材质和规格、防腐处理材料及做法；绝热管道与支吊架之间应垫绝热衬垫或经防腐处理的木衬垫，其厚度应与绝热层厚度相同，表面平整，衬垫接合面的空隙应填实。

7）电梯工程

检查电梯承重梁、起重吊环埋设；电梯钢丝绳头灌注；电梯井道内导轨、层门的支架、螺栓埋设等。

（3）“隐检”与“检验批验收”的关系。

“隐检”与“检验批验收”都是对受检对象的一种“验收”。在国家验收规范中，“验收”与“检查”在概念上明显不同。“验收”不能由施工单位自己单方面进行，必须由施工单位之外的监理或建设单位参加，是一种具有公证性的确认或认可，而“检查”则可以仅由施工单位自己单方面进行。

但是，建筑工程的验收要求比较复杂。“隐检”与“检验批验收”虽然都属于验收的范畴，但两者针对的对象、所起的作用有所不同。

检验批验收是所有验收的最基本层次，即所有其他层次（分项、分部、单位工程等）的验收都是建立在检验批验收基础上的，工程的所有部位、工序都应归入某个检验批验收，不应遗漏。而隐蔽工程验收则仅仅针对将被隐蔽的工程部位作出验收。施工中隐蔽工程虽然很多，但一个建筑工程，还有大量非隐蔽部位。因此，两者并不相同，“隐检”与“检验批验收”应分别进行。

在施工中，“隐检”与“检验批验收”的关系，可以有“之前”、“之后”和“等同”三种不同情况：

第一种情况，在“检验批验收”之前进行的“隐蔽工程验收”：这种情况主要针对某些工作量相对较小的部位或施工做法、处理措施等。如抹灰的不同基层交接部位加强措施、桩孔的沉渣厚度、基槽槽底的清理、胡子筋处理、被隐蔽的重要节点做法、被隐蔽的螺栓紧固、被隐蔽的预埋件防腐阻燃处理等。

这些工作量相对较小的部位或施工做法、处理措施，不宜作为一个“检验批”来验收，施工中将其列为“隐蔽工程验收”。

第二种情况，在“检验批验收”之后进行的“隐蔽工程验收”：这种情况主要针对某些工作量相对较大的工程部位，如分部、子分部工程等。这些工作量相对较大的工程部位往往作为一个整体，需要同时进行隐蔽，这时可能有若干个检验批已经验收合格。按照国家验收规范规定，这些工程部位在整体隐蔽之前，需作“隐蔽工程验收”。如整个地基基础的隐蔽验收、主体结构验收（进入装饰装修施工将隐蔽主体结构）等，显然是在检验批验收之后进行。

第三种情况，与“检验批验收”内容相同的“隐蔽工程验收”：当“隐蔽工程验收”针对的部位已经被列为“检验批”进行验收时，“隐蔽工程验收”就与“检验批验收”具有同样的验收内容，此时“隐蔽工程验收”可与“检验批验收”合并进行。亦即按照“检验批验收”的要求进行即可，使用“检验批验收单”来代替“隐蔽工程验收单”，不必再重复进行“隐蔽工程验收”。这种情况，见于钢筋安装的验收，屋面保温层验收，各种防水层、找平层验收等。

分清上述三种情况，弄清“隐蔽工程验收”与“检验批验收”的关系，不仅有利于施工资料管理，对于工程验收也会有所裨益。

（4）工程名称：与施工图纸中图签一致。

（5）隐检项目：应按实际检查项目填写，具体写明（子）分部工程名称和施工工序主要检查内容。隐检项目栏填写举例：桩基工程钢筋笼安装、支护工程锚杆安装、门窗工程（预埋件、锚固件或螺栓安装）、吊顶工程（龙骨、吊件、填充材料安装）。

（6）隐检部位：按实际检查部位填写，如“××层”填写地下/地上××层；“××轴”填写横起至横止轴/纵起至纵止轴，轴线数字码、英文码标注应带圆圈；“××标高”填写墙柱梁板等的起止标高或顶标高。

（7）检查时间：按实际检查时间填写。

（8）隐检依据：施工图纸、设计变更、工程洽商及相关的施工质量验收规范、标准、规程；本工程的施工组织设计、施工方案、技术交底等。特殊的隐检项目如新材料、新工艺、新设备等要标注具体的执行标准文号或企业标准文号。

（9）隐检记录编号：按专业工程分类编码填写，按组卷要求进行组卷。

（10）主要材料名称及规格/型号：按实际发生材料、设备填写，各主要材料的规格/型号要表述清楚。

（11）隐检内容：应将隐检的项目、具体内容描述清楚。主要原材料的复试报告单编号，主要连接件的复试报告编号，主要施工方法。若文字不能表述清楚，可用示意简图进行说明。

（12）审核意见：审核意见要明确，隐检的内容是否符合要求要描述清楚。然后给出审核结论，根据检查情况在相应的结论框中划“√”。在隐检中一次验收未通过的要注明质量问题，并提出复查要求。

（13）复查结论：此栏主要是针对一次验收出现的问题进行复查，因此要对质量问题改正的情况描述清楚。在复查中仍出现不合格项，按不合格品处置。

（14）本表由施工单位填报，其中审核意见、复查结论由监理单位填写。

（15）隐检表格实行“计算机打印，手写签名”，各方签字后生效。

（16）建设单位、施工单位、城建档案馆各保留一份。详见表5-2。

5.2.2　《预检记录》

预检是对施工重要工序进行的预先质量控制检查并加以记录，是预防质量事故发生的有效途径，是检验批质量验收的重要依据。预检记录属于施工单位内部的质量控制记录。未经预检或预检未通过的，不允许进行下一道工序的施工。

（1）预检程序：须办理预检的工序完成后，由项目专业工长组织质量员、班组长检查，合格后由专业工长填写预检记录，有关责任人签认齐全后生效。

（2）预检项目及内容。

1）模板

检查模板的几何尺寸、轴线、标高；节点细部做法（须绘制节点大样图的，检查实际放样图尺寸）；模板（包括支撑）的强度、刚度和稳定性、牢固性和接缝严密性（止水构造）；预埋件及预留洞口的位置；水平结构模板起拱情况；模内清理情况、模板清扫口留置；使用隔离剂种类和隔离剂涂刷等。

2）预制构件安装

预制构件包括阳台栏板、过梁、预制楼梯、沟盖板、楼板等。应依据图纸要求检查构件的规格型号、几何尺寸、数量；根据有关质量标准检查构件的外观质量；根据图纸要求和技术交底检查构件的搁置长度以及锚固情况、标高等；检查楼板的堵孔和清理情况等。

3）设备基础

依据图纸检查设备基础的位置、标高、几何尺寸及混凝土的强度等级，检查设备基础的预留孔和预埋件位置。

4）地上混凝土结构施工缝

依据模板方案和技术交底，检查施工缝留置的方法及位置，模板支撑、接槎的处理情况等。

（3）填写要点。

《预检记录》所反映的预检部位、检查时间、预检内容等应与施工日志、模板安装检验批质量验收记录、施工方案和交底反映的内容或要求相一致。

1）工程名称：与施工图纸中图签一致。

2）预检项目：按实际检查项目填写，如模板安装、混凝土施工缝（无防水构造的）、设备基础等。

3）预检部位：按实际检查部位填写，应写明楼层、轴线和构件名称（墙、柱、板、梁）。

4）检查日期：按实际检查日期填写。

5）预检依据：施工图纸、设计变更、工程洽商及相关的施工质量验收规范、标准、规程、本工程的施工组织设计、施工方案、技术交底等。

6）主要材料或设备：按实际发生材料、设备项目填写，各规格型号要表述清楚。

7）预检内容：应将预检的项目、具体内容分专业描述清楚。

8）检查意见：应由专业质检员填写；所有预检内容是否全部符合要求应明确；预检中第一次验收未通过的，应注明质量问题和复查要求。

9）复查结论：应由专业质检员填写，主要是针对第一次检查存在的问题进行复查，描述对质量问题的整改情况。

10）签字栏：应本着谁施工谁签认的原则，对于专业分包工程应体现专业分包单位名称，分包单位的各级责任人签认后再报请总包签认，各方签字齐全后生效。

11）《预检记录》应由项目专业工长填报，项目资料员按照不同的预检项目分类汇总整理，施工单位留存。详见表5-3。

5.2.3 《施工检查记录》

按照现行规范要求应进行施工检查的重要工序，且无相应施工记录表格的，应填写《施工检查记录》，《施工检查记录》适用各专业。详见表5-4。

5.2.4 《交接检查记录》

《交接检查记录》适用于不同施工单位之间的移交检查，当某一专业工程施工质量对后续专业工程施工质量产生直接影响时，应进行交接检查。移交单位、接收单位和见证单位共同对移交工程进行验收，并对质量情况、注意事项、成品保护等进行记录。须强调一点，不同工序之间交接应填写《工序交接检查记录》，此表由施工企业自行设定。

（1）建筑与结构工程应做交接检查的项目有：支护与桩基工程完工移交给结构工程；初装修完工移交给精装修工程；设备基础完工移交给机电设备安装；结构工程完工移交给幕墙工程等。

（2）交接内容。

1）桩（地）基工程与混凝土结构工程之间的交接，主要检查：桩（地）基是否完成、桩（地）基检验检测、桩位偏移和桩顶标高、桩头处理、缺陷桩的处理、竣工图与现场的对应关系、场地平整夯实，是否完全具备进行下道工序混凝土结构工程施工的条件等。

2）混凝土结构工程与钢结构工程之间的交接，主要检查：结构的标高、轴线偏差；结构构件的实际偏差及外观质量情况；钢结构预埋件规格、数量、位置；混凝土的实际强度是否满足对钢结构施工对相关混凝土强度要求；是否具备进行钢结构工程施工的条件等，如钢结构工程施工后移交给混凝土结构施工重点检查内容；构件轴线位置、标高的复查；构件外观质量；焊缝探伤检测；与混凝土构件对应关系（如钢筋穿孔位置等）、混凝土构件的外观完好等情况。

3）初装修工程与精装修工程之间的交接，主要检查：结构标高、轴线偏差；结构构件尺寸偏差；填充墙体、抹灰工程质量；相邻楼地面标高；门窗洞口尺寸及偏差；水、暖、电等预埋或管线是否到位；是否具备进行精装修工程施工的条件等。

（3）填写要点。

1）《交接检查记录》由移交单位形成，其中表头和“交接内容”由移交单位填写，“检查结果”由接收单位填写，“复查意见”由见证单位填写。

2）“见证单位”：当在总包管理范围内的分包单位之间移交时，见证单位应为“总包单位”；当在总包单位和其他专业分包单位之间移交时，见证单位应为“建设（监理）单位”。

3）由移交单位、接收单位和见证单位三方共同签认的《交接检查记录》方可生效。详见表5-5。

5.2.5　《工程定位测量记录》

（1）工程名称：要与施工图中图签一致。

（2）图纸编号：填写总图、首层建筑图、基础图的图号。

（3）平面坐标依据：有资质的测绘单位现场实定楼坐桩的成果资料编号。

（4）高程依据：有资质的测绘单位现场实定高程的成果资料编号。

（5）允许误差：视工程等级，测量允许误差按测量中误差的二倍计算。

（6）委托单位：指业主或总承包单位。

（7）施测日期、复测日期：施测、复测（施工单位）实际日期。

（8）使用仪器：施工单位定位时所用的测量仪器型号及出厂编号。

（9）仪器校验日期：仅写使用仪器的型号及相应的有效合格的检定证书上检定时间。

（10）定位抄测示意图。

1）标出单位工程（或多个单位工程）楼座规划点的外廓图形及外廓轴线和相关尺寸；标出本工程±0.000mm相当于绝对××.×××m高程值；标出引测在场区内的高程点值，

并示意所在位置；标出指北针的方向。

2）当群体工程定位时，可在工程名称上标明所定工程。

（11）复测结果。

1）第一种情况，写出：

经核对：规划总图上单位工程坐标、尺寸，单位工程施工图坐标、尺寸，测绘成果一致，资料合格。

经查验：① 现场桩点实测误差为××mm，角度误差为±××°；② 引测施工现场的三个施工标高+0.500m（建）=××.×××m，误差存××mm以内。

符合设计施工图尺寸，达到建筑工程施工测量规程精度要求。

2）第二种情况，写出：

经核对：规划总图上单位工程坐标、尺寸与单位工程施工图坐标、尺寸一致，设计资料合格。

经查验：① 用导1、导2、导3实测楼坐桩后，经复测误差为××mm，角度误差为××°；② 经××测绘公司规划验线，桩位误差均为××mm（见验线成果单××号）。

符合设计施工图尺寸及建筑工程施工测量规程精度要求。

（12）签字栏。

1）施工（测量）单位：指业主或总承包单位全称。

2）技术负责人：项目总承包方主任工程师。

3）复核人：本单位上一级测量负责人，或是项目质检部门测量人员，要有测量专业知识。

4）放线人：有测量上岗证的项目测量人员。详见表5-6。

5.2.6　《基槽验线记录》

（1）工程名称：与施工图图签一致。

（2）验线依据及内容。

1）依据。

① 定位控制桩×、×、×、×。

② 施工现场引测高程控制网H1、H2、H3。

③ 基础平面图××。

④ 施工测量方案。

⑤ 建筑工程施工测量规程。

2）内容。

① 基底外轮廓线及外轮廓断面。

② 垫层标高。

③ 集水坑、电梯井等垫层标高、位置。

（3）基槽平面、剖面简图。

1）基槽平面。

基底外轮廓线范围指混凝土垫层的外边沿及所含的集水坑、设备坑、电梯井等示意的位置、标高和基坑下口线的施工工作面尺寸。

2）基槽剖面。

指有变化的外廓轴线到基坑边支护的立面结构尺寸，重点是要填写的外廓轴线到基础外边的尺寸与设计图尺寸必须一致；除此为准确尺寸以外，均为技术措施尺寸。

3）剖面简图。

要能反映出外廓轴线垫层外边沿尺寸；外廓轴线到基础外边准确尺寸；垫层顶标高、底标高；集水坑、设备坑、电梯井垫层顶标高；基础外墙、垫层外边沿尺寸、基坑施工面尺寸等。

(4) 检查意见。

经核对：外控轴线、设计施工图尺寸无误。

经查验：

1）基础外廓轴线，基础外边尺寸误差为××mm。

2）集水坑、设备坑、电梯井位置误差为××mm。

3）垫层标高－×.×××m，误差为××mm。

符合建筑工程施工测量规程的精度要求。

(5) 签字栏。

1）施工测量单位：施工单位全称。

2）专业技术负责人：项目主任工程师。

3）专业质检员：验线员或质检员。

4）施测人：有测量上岗证的施测人。详见表5-7。

5.2.7　《楼层平面放线记录》

(1) 工程名称：与施工图图签一致。

(2) 放线部位：标明某层及实测施工的轴线段。

(3) 放线内容：基础板底防水保护层面层及首层（含）以下各层的墙、柱轴线、边线、门窗洞口线；地上二层（含）以上各层的墙、柱轴线、边线、门窗洞口线、垂直度偏差。

(4) 放线依据。

1）采用外控投线方法的楼层：施工测量方案；建筑工程施工测量规程；定位外控桩×、×、×、×；n层的建筑××平面图、结构××图；首层用测绘院高程BM1、BM2、BM3。

2）采用内控法竖向传递轴线的楼层：施工测量方案；建筑工程施工测量规程；内控点×、×、×、×；n层的建筑××平面图、结构××图；首层以下各层施工用高程控制网Hl、H2、H3；二层（含）以上各层＋0.500m＝××.××/m高程传递标准点1、2、3。

(5) 放线简图：应标明楼层外轮廓线、楼层重要控制轴线、尺寸及指北方向。采用内控法向上传递竖向控制线时，第一个施工段要标明不少于4个内控点。首层（不含）以上各层应标明垂直度偏差方向及数值。

(6) 检查意见：由施工单位根据监理的要求采用计算机打印，应有测量的具体数据误差。

(7) 签字栏。

1）专业技术负责人：栋号技术负责人或有测量上岗证的项目测量组长。

2）专业质检员：验线员或质量检查员。

3）施测人：指有测量上岗证的实测人员。

4）施工单位：施工总承包单位全称。详见表5-8。

5.2.8 《楼层标高抄测记录》

(1) 工程名称：同施工图中图签一致。

(2) 日期：实际抄测时间。

(3) 抄测部位：抄测的层数及抄测的施工段的轴线范围。

(4) 抄测内容：墙、柱上本层+0.500m（建）=××.×××m，或+1.000m（建）=××.×××m。

(5) 抄测依据。

1) 首层以下各层用施工高程控制网 H1、H2、H3；首层用有资质测绘单位抄测的 BM1、BM2、BM3 高程点；二层（含）以上各层+0.500m（建）=××.×××m 高程传递控制点。

2) 历抄测楼层的建筑平面图××。

3) 施工测量方案。

4) 建筑工程施工测量规程。

(6) 抄测说明：抄测范围用轴线简图表示；抄测标高用局部剖面表示；抄测工具应注明仪器型号、出厂编号，合格仪器检定时间。

(7) 检查意见。

经核对：楼层设计标高与抄测标高数值无误。

经查验：墙柱上抄测+0.500m（建）=××.××m，标高线误差为××mm。

符合设计施工图标高及建筑工程施工测量规程精度要求。

(8) 签字栏。

1) 施工单位：单位工程施工总承包单位全称。

2) 专业技术负责人：栋号技术负责人或有测量上岗证的项目测量组长。

3) 专业质检员：验线员或质检员。

4) 施测人：指有测量上岗证的实测人员。详见表 5-9。

5.2.9 《建筑物垂直度、标高观测记录》

(1) 工程名称：同施工图中图签一致。

(2) 施工阶段：结构完成或工程竣工。

(3) 观测说明。

1) 用示意外轮廓轴线简图表示阳角观测部位。

2) 简明标注对总高的垂直度和总高进行实测实量的所采用的仪器及方法。

3) 注明建筑物结构型式，是为对应允许误差的分类。

(4) 垂直度测量（全高）、标高测量（全高）指阳角外檐总高度。

(5) 观测部位、实测偏差。

(6) 结论。

经核对：设计施工图及对应有关资料无误。

经查验：总高垂直度偏差值及标高高差值在允许范围之内。

符合设计施工图及建筑工程施工测量规程精度要求。

（7）签字栏。

1）专业技术负责人：项目主任工程师。

2）专业质检员：验线员或质检员。

3）施测人：指有上岗证的实测人员。

4）施工单位：施工总承包单位全称。详见表 5-10。

5.2.10　《沉降观测记录》

（1）按沉降观测方案及基坑边坡支护位移观测方案记录观测次数、时间。

（2）对观测点的每次观测都应有观测值（绝对或相对）、本次沉降（位移）量、累计沉降（位移）量。

（3）要有观测人、审核人、技术负责人签名。

（4）工程结构完成及工程竣工沉降观测成套成果资料应盖单位公章。详见表 5-11。

5.2.11　《地基验槽检查记录》

建筑物应进行施工验槽，检查内容包括基坑位置、平面尺寸、持力层核查、基底绝对高程和相对标高、基坑土质及地下水位等，有桩支护或桩基的工程还应进行桩的检查。《地基验槽检查记录》应由建设、勘察、设计、监理、施工单位共同验收签认。如地基验槽未通过，需要进行地基处理，应由勘察、设计单位提出处理意见并填写《地基处理记录》。

（1）基坑验收内容。

1）依据地质勘探报告验收地基土质是否与报告相符，核对基坑的土质和地下水情况是否与勘察报告一致。

2）依据图纸核查基坑的位置、平面尺寸、基槽底标高等是否符合设计文件。

3）若地基土与报告不相符，则需办理地基土处理洽商。对人工处理的地基，应按有关范围和设计文件的要求进行验收。

4）审查《钎探报告》：包括《钎探点布置图》及《钎探记录》。检查基坑底面以下有无空穴、古墓、古井、防空掩体、地下埋设物及其他变异。

5）对深基础，还应检查基坑对附近建筑物、道路、管线是否存在不利影响。

（2）预制桩基验收内容。

1）施工前必须按照规范或设计要求做试桩，试桩的数量、做法应符合规定，《试桩记录》和《质量检验报告》应满足规范和设计要求。

2）每根预制桩均应有完整的贯入度记录、锤击数、桩位图及桩的编号、截面尺寸、长度、入土深度、桩位偏差、施工机械、施工日期等。

3）沉桩过程中，应对土体侧移和隆起、超孔隙水压力、桩身应力与变形、沉桩对相邻建筑物与设施的影响有无异常进行监测。

4）必须按规定对桩位进行抽样检测，检测结果应合格。

（3）对钻孔或挖孔灌注桩验收内容。

1）检查成孔过程中有无缩颈和塌孔，成孔垂直度、沉渣或虚土、孔底土扰动以及持力层均应符合设计要求。

2）钢筋规格与钢筋笼制作应符合设计要求。

3）混凝土的材料、配合比、坍落度、制作方法等，均应符合规范和设计要求，混凝土试压结果应合格。

4）浇筑混凝土时，混凝土面标高与导管管口标高控制应适当，混凝土贯入量应符合设计要求。

5）对大直径挖孔桩，应有专人下入孔内，对开挖尺寸、有无虚土、岩土条件等进行检验。

6）按规定必须对桩进行抽样检测的，检验结果应合格。

（4）填写要点。

1）工程名称：与施工图纸中图签一致。

2）验槽日期：按实际检查时间填写。

3）验槽部位：按实际检查部位填写。若分段则要按轴线标注清楚。

4）验槽依据：施工图纸、设计变更、工程洽商及相关的施工质量验收规范、规程，本工程的施工组织设计、施工方案、技术交底。

5）验槽内容：注明地质勘察报告编号，基槽标高、断面尺寸，必要时可附断面简图示意。

注明土质情况，附上钎探记录和钎探点平面布置图，在钎探图上用红蓝铅笔标注软土、硬土情况。

若采用桩基还应说明桩的类型、数量等，附上桩基施工记录、桩基检测报告等。

6）检查意见：应由勘察、设计单位出具，对验槽内容是否符合勘察、设计文件要求做出评价，是否同意通过验收。对需要地基处理的基槽，应注明质量问题，并提出具体地基处理意见。

7）对进行地基处理的基槽，还需再办理一次地基验槽记录，在“验槽内容”栏，要将地基处理的洽商编号写上，基体的处理方法等描述清楚。

8）签字公章栏：应由建设、监理、设计、勘察、施工单位的项目主要负责人签字，并加盖单位公章后生效。详见表 5-12。

5.2.12 《地基钎探记录》

地基钎探可用于基槽（坑）开挖后检验槽底浅层土土质的均匀性和发现回填坑穴，以便于基槽处理。有时也可用于对比试验，确定地基的容许承载力及检验填土的质量。

《地基钎探记录》主要包括《钎探点平面布置图》和《钎探记录》。

（1）钎探前应依据《基础平面图》绘制《钎探点平面布置图》［应与实际基槽（坑）一致］，确定钎探点布置及顺序编号，标出方向及重要控制轴线。按照钎探图及有关规定进行钎探并记录。钎探中如发现异常情况，应在《地基钎探记录表》的备注栏注明。需地基处理时，应将处理范围（平面、竖向）标注在《钎探点平面布置图》上，并注明处理依据、形式、方法（或方案），以“洽商”记录下来，处理过程及取样报告等一同汇总进入工程档案。

（2）以下情况可停止钎探。

1）若 N_{10}（贯入 30cm 的锤击数）超过 100 或贯入 10cm 锤击数超过 50，可停止贯入。

2）如基坑不深处有承压水层，钎探可造成冒水涌砂，或持力层为砾石层或卵石层，且厚度符合设计要求时，可不进行钎探。如需对下卧层继续试验，可用钻具钻穿坚实土层后再做试验［根据《建筑地基基础工程施工质量验收规范（GB 50202—2002）中附录 A 的规定］。

（3）钎探点的布置依据设计要求，当设计无要求时，应按规范规定执行。

（4）专业工长负责钎探的实施，并做好原始记录。钎探记录表中施工单位、工程名称要写具体，锤重、自由落距、钎径、钎探日期要依据现场情况填写，工长、质检员、打钎负责人的签字要齐全。钎探中若有异常情况，要写在备注栏内。

（5）钎探记录表应附有原始记录表，原始记录要原样保存好。详见表 5-13。

5.2.13　《混凝土浇灌申请书》

（1）项目应在各项准备工作（如钢筋、模板工程检查，水电预埋检查，材料、设备及其他准备等）逐条完成并核实后，根据现场浇筑混凝土计划量、施工条件、施工气温、浇筑部位等填报混凝土浇灌申请。由施工单位技术负责人和监理签认批准，形成《混凝土浇灌申请书》。浇灌申请通过后方可正式浇筑混凝土。

（2）《混凝土浇灌申请书》应由专业工长负责填报，由现场负责人或专业质检员审批签认后生效。

（3）填写要点。

1）申请浇灌部位和申请方量：应尽可能准确，注明层、轴线和构件名称（梁、柱、板、墙等）。

2）技术要求：应根据混凝土合同的具体技术要求填写，如混凝土初、终凝时间要求，抗渗设计要求等。

3）审批意见、审批结论：应由项目现场负责人或项目专业质量检查员填写。详见表 5-14。

5.2.14　《预拌混凝土运输单》

（1）预拌混凝土供应单位应随车向施工单位提供《预拌混凝土运输单》，内容包括：工程名称、使用部位、供应方量（与工程实际用量相符）、配合比、坍落度、出站时间、到场时间和测定的现场实测坍落度等。

（2）施工单位专业质量员应及时统计、分析混凝土实测坍落度、混凝土浇筑间歇时间等，必须满足施工实际需要和规范规定。单车总耗时（运输、浇筑及间歇的全部时间）不得超过混凝土初凝时间，当超过规定时间应按施工缝处理。

（3）对无法满足施工要求的混凝土（现场实测坍落度不合格、运输时间超时的）应及时退场。

（4）《预拌混凝土运输单》的正本由供应单位保存，副本由施工单位保存。施工单位应检验运输单项目是否齐全、准确、真实，无未了项，编号必须填写，签字盖章齐全。

（5）供应单位填写：工程名称、使用部位、供应方量、配合此、坍落度、出站时间、到场时间等。施工单位试验和材料人员填写现场出罐温度、现场实测坍落度（抽测）、开始浇筑时间、完成浇筑时间。详见表 5-15。

5.2.15　《混凝土开盘鉴定》

（1）表中各项都应根据实际情况填写清楚、齐全，不得有缺项、漏项。要有明确的鉴定结果和鉴定结论，签字齐全。

（2）坍落度和维勃稠度都是混凝土拌合物稠度指标，坍落度适用于塑性和流动性混凝土拌合物，维勃稠度适用于干硬性拌合物，坍落度和维勃稠度只能填写一个。

（3）混凝土所用主要原材料：水泥、砂、石、外加剂等应与配合比中的材料吻合，如有变化应调整配合比。

（4）混凝土试配配合比应换算为实际使用配合比。

根据现场砂、石的含水率，换算出实际单方混凝土加水量，砂、石用量。详见表5-16。

5.2.16 《混凝土拆模申请单》

（1）在拆除现浇混凝土结构板、梁、悬臂构件等底模和柱墙侧模前，项目模板责任工长应进行拆模申请，报项目专业技术负责人审批，通过后方可拆模，形成《混凝土拆模申请单》（水平结构构件模板拆除应附同条件混凝土强度报告）。按照《混凝土结构工程施工质量验收规范》（GB 50204—2015）的规定，施工单位与监理单位应及时在拆模后共同对现浇混凝土的外观质量和尺寸偏差进行全数检查。

（2）梁、板模板拆除应具备的条件。底模及其支架拆除时的混凝土强度应符合设计要求。

（3）墙、柱模板拆除应具备的条件。

1）常温下，墙、柱侧模应在保证结构不变形、棱角完整的情况下拆除。

2）冬期施工侧模拆除，要求：混凝土强度达到1MPa时可松动螺栓，待混凝土强度达到4MPa时方可拆模；或者拆除模板后立即覆盖，待混凝土强度达到4MPa时拆除保温。严防低温下模板拆除过早，出现混凝土粘连。

（4）对后张法预应力混凝土结构构件，侧模宜在预应力张拉前拆除；底模支架的拆除应按施工技术方案执行，当无具体要求时，不应在结构构件建立预应力前拆除。

（5）后浇带处混凝土不连续，较易出现安全和质量问题，故此部分模板拆除和支顶应在施工技术方案中明确规定。

（6）填写要点。

1）申请拆模部位：按实际拆模部位填写。

2）构件类型：在所选择构件类型的□内划“√”；表内“拆模时混凝土强度要求，龄期，同条件混凝土抗压强度，达到设计强度等级，强度报告编号”按同条件混凝土强度报告试验结果填写。

3）审批意见：应由项目技术负责人或专业质检员填写。对是否同意拆模、施工禁忌、注意事项等提出意见。

4）如结构型式复杂（结构跨度变化较大）或平面不规则，应附拆模平面示意图。详见表5-17。

5.2.17 《混凝土搅拌测温记录》

（1）冬期混凝土施工时，应进行搅拌测温（包括现场搅拌、预拌混凝土）并记录。混凝土冬期施工搅拌测温记录包括大气温度、原材料温度、出罐温度、入模温度等。测温的具体要求应有书面技术交底，执行人必须按照规定操作。

（2）原材料加热的原则

1）冬期施工混凝土原材料一般需要加热，加热时应优先采用加热水的方法。如果将水加热到最高温度，还不能满足混凝土温度的要求，再考虑加热骨料。

2）对拌合水加热的要求是水温准确，供应及时，保持先后用水温度一致。

3）当自然气温较低，只加热拌合水尚无法满足拌合物出机温度的要求时，对于骨料，首先是砂，其次是石子也要加热。

4）在骨料中，不应夹杂有冰屑、雪团和冻块。水泥在任何情况下都不准加热，但在使用前应存放在棚内预温，这对混凝土达到规定的温度是有利的。

（3）应按照工作班进行记录。

（4）同一配合比编号的混凝土，每一工作班测温不宜少于4次。

（5）温度测试精确至0.1℃。

（6）对于预拌混凝土只作大气温度、出罐温度、入模温度的测温记录。

（7）“备注”栏应填写“现场搅拌”或“预拌混凝土”。表格中各温度值需标注正负号。详见表5-18。

5.2.18　《混凝土养护测温记录》

（1）混凝土的冬期施工应符合国家现行标准《建筑工程冬期施工规程》（JGJ/T 104—2011）和施工技术方案的规定。

（2）测温起止时间指室外日平均气温连续5d低于5℃时起，至室外日平均气温连续5d高于5℃冬期施工结束。掺加防冻剂的混凝土未达到抗冻临界强度（4MPa）之前每隔2h测量一次，达到抗冻临界强度（4MPa）且温度变化正常，测温间隔时间可由2h调整为6h。

（3）混凝土冬期施工养护测温应先绘制测温点布置图，包括测温点的部位、深度等。测温记录应包括大气温度、各测温孔的实测温度、同一时间测得的各测温孔的平均温度和间隔时间等。此外还应进行成熟度计算（本次、累计）。表格中各温度值需标注正负号。

每次测得的各测温孔的温度平均值与测试间隔时间的积为本次成熟度（℃·h），与上次的累计成熟度相加，为累计到本次的成熟度。通过查混凝土成熟度曲线，可大致推测对应于不同成熟度的混凝土预测强度。详见表5-19。

5.2.19　《构件吊装记录》

（1）《构件吊装记录》适用于大型预制混凝土构件、钢构件、木构件的安装。吊装记录内容包括构件名称、安装位置、搁置与搭接尺寸、接头处理、固定方法、标高检查等。

（2）有关构件吊装规定、允许偏差和检验方法见相关标准、规范。

（3）表中各项均应填写清楚、齐全、准确，并附吊装图。

吊装图：构件类别、型号、编号位置应与施工图纸及结构吊装施工记录一致，并注明图名、制图人、审核人及日期。详见表5-20。

5.2.20　《地下工程防水效果检查记录》

（1）为保证地下防水工程施工质量，强化地下防水工程的质量验收，《地下防水工程质量验收规范》(GB 50208—2011) 中第 8.0.8 条及附录 C 增加了关于地下结构验收的渗漏水检查的规定，检查内容包括裂缝、渗漏部位、大小、渗漏情况、处理意见等。地下防水效果检查已列入单位工程重要的安全、功能检查项目，必须引起高度重视。

(2) 检查地下防水工程渗漏水量，应符合地下工程防水等级标准的规定。

(3) 渗漏水检查

1) 地下防水工程质量验收时，施工单位必须提供地下工程《背水内表面的结构工程展开图》。

2) 房屋建筑地下室只检查围护结构内墙和底板。

3) 全埋设于地下的结构（地下商场、地铁车站、军事地下库等），除检查围护结构内墙和底板外，背水的顶板（拱顶）是重点检查目标。

4) 钢筋混凝土衬砌的隧道以及钢筋混凝土管片衬砌的隧道渗漏水检查的重点为上半环。

5) 施工单位必须在《背水内表面的结构工程展开图》上详细标示：

① 在工程自检时发现的裂缝，并标明位置、宽度、长度和渗漏水现象。

② 经修补、堵漏的渗漏水部位。

③ 防水等级标准容许的渗漏水现象位置。

6) 地下防水工程验收时，经检查、核对标示好的《背水内表面的结构工程展开图》必须纳入竣工验收资料。

(4) 当被验收的地下工程有结露现象时，不宜进行渗漏水检测。

(5) 房屋建筑地下室渗漏水现象检测

1) 地下工程防水等级对“湿渍面积”与“总防水面积”（包括顶板、墙面、地面）的比例作了规定。按防水等级 2 级设防的房屋建筑地下室，单个湿渍的最大面积不大于 0.1m^2。任意 100m^2 防水面积上的湿渍不超过 1 处。

2) 湿渍的现象：湿渍主要是由混凝土密实度差异造成毛细现象或由混凝土容许裂缝（宽度小于 0.2mm）产生在混凝土表面肉眼可见的“明显色泽变化的潮湿斑”。一般在人工通风条件下可消失，即蒸发量大于渗入量的状态。

3) 湿渍的检测方法：检查人员用干手触摸湿斑，无水分浸润感觉；用吸墨纸或报纸贴附，纸不变颜色。检查时，要用粉笔勾划出湿渍范围，然后用钢尺测量高度和宽度，计算面积，标示在“展开图”上。

4) 渗水的现象：渗水是由于混凝土密实度差异或混凝土有害裂缝（宽度大于 0.2mm）而产生的地下水连续渗入混凝土结构，在背水的混凝土墙壁表面肉眼可观察到明显的流挂水膜范围，在加强人工通风的条件下也不会消失，即渗入量大于蒸发量的状态。

5) 渗水的检测方法：检查人员用干手触摸可感觉到水分浸润，手上会沾有水分。用吸墨纸或报纸贴附，纸会浸润变颜色。检查时，要用粉笔勾划出渗水范围，然后用钢尺测量高度和宽度，计算面积，标示在“展开图”上。

6) 对房屋建筑地下室检测出来的“渗水点”，一般情况下应准予修补堵漏，然后重新验收。

7) 对防水混凝土结构的细部构造渗漏水检测，也应按本条内容执行。若发现严重渗水必须分析、查明原因，应准予修补堵漏，然后重新验收。详见表 5-21。

5.2.21　《防水工程试水检查记录》

（1）蓄水试验记录

1）厕浴间蓄水试验方法及要求。

① 凡厕浴间等有防水要求的房间必须有防水层及安装后蓄水检验记录，卫生器具安装完后应做100%的二次蓄水试验，质检员检查合格签字记录。

② 蓄水时间不少于24h。

③ 蓄水最浅水位不应低于20mm。

2）屋面蓄水试验方法及要求。

有女儿墙的屋面防水工程，能做蓄水试验的宜做蓄水检验。

① 蓄水试验应在防水层施工完成并验收后进行。

② 将水落口用球塞堵严密，且不影响试水。

③ 蓄水深度最浅处不应小于20mm。

④ 蓄水时间为24h。

（2）淋水试验记录

1）外墙淋水试验方法及要求。

预制外墙板板缝，应有2h的淋水无渗漏试验记录。

① 预制外墙板板缝淋水数量为每道墙面不少于10%～20%的缝，且不少于一条缝。

② 试验时在屋檐下竖缝处1.0m宽范围内淋水，应形成水幕。

③ 淋水时间为2h。

④ 试验时气温在+5℃以上。

2）屋面淋水试验方法及要求。

① 屋面防水层应进行持续2h淋水试验。

② 沿屋脊方向布置与屋脊同长度的花管（钢管直径38cm左右，管上部钻3～5mm的孔，布置两排，孔距80～100mm），用有压力的自来水管接通进行淋水（呈人工降水状）。

③ 高出屋面的烟道、风道、出气管、女儿墙、出入孔根部防水层上口应做淋水试验，并做好记录。

（3）雨期观察记录

冬期施工的工程，应在来年雨期之前补作淋水、蓄水试验，或做好雨期观察记录。

记录主要包括：降雨级数、次数、降雨时间、检查结果、检查日期及检查人。

（4）不具备蓄水和淋水试验条件

对于不具备全部屋面进行蓄水和淋水试验条件的屋面防水工程，除做好雨期观察记录外，对屋面细部、节点的防水应进行局部蓄水和淋水试验。

1）水落口应做蓄水检验，时间不少于2h。

2）女儿墙、出屋面管道、烟（风）道防水卷材上卷部位等应做淋水试验，时间不少于2h。

表格中“检查方法及内容”：应注意特殊部位蓄水检查方法，如厕浴间管根处、地漏处和屋面细部构造等。详见表5-22。

5.2.22 《通风（烟）道、垃圾道检查记录》

（1）建筑通风道（烟道）应全数做通（抽）风和漏风、串风试验，并做检查记录。
（2）垃圾道应全数检查畅通情况，并做检查记录。
（3）主烟（风）道可先检查，检查部位按轴线记录；副烟（风）道可按户门编号记录。
（4）检查合格记（√），不合格记（×）。
（5）第一次检查不合格记录（×），复查合格后在（×）后面记录（√）。详见表5-23。

5.2.23 《预应力筋张拉记录》

《预应力筋张拉记录（一）》包括预应力施工部位、预应力筋规格、平面示意图、张拉程序、应力记录、伸长量等。详见表5-24。

《预应力筋张拉记录（二）》对每根预应力筋的张拉实测值进行记录。详见表5-25。

后张法预应力张拉施工应实行见证管理，按规定做见证张拉记录。

5.3 职业技能实际训练

训练1 编制《隐蔽工程检查记录》

表5-2 隐蔽工程检查记录

工程名称		项目经理	
分项工程名称		专业工长	
隐蔽工程项目		施工单位	
施工标准名称及代号		施工图名称及编号	
隐蔽工程部位	质量要求	施工单位自查记录	监理（建设）单位验收记录
施工单位 自查结论	施工单位项目技术负责人：　　年　月　日		
监理（建设） 单位验收结论	监理工程师（建设单位项目负责人）：　　年　月　日		

训练 2　编制《预检记录》

表 5-3　预　检　记　录

<table>
<tr><td>工程名称</td><td colspan="2"></td><td>预检项目</td><td></td></tr>
<tr><td>预检部位</td><td colspan="2"></td><td>检查日期</td><td></td></tr>
<tr><td colspan="5">依据：
施工图纸（施工图纸号）____；
设计变更/洽商（编号____________________）和有关规范、规程。
主要材料或设备：
规格/型号：</td></tr>
<tr><td colspan="5">预检内容：</td></tr>
<tr><td colspan="5">检查意见：</td></tr>
<tr><td colspan="5">复查结论：

复查人：　　　　　　复查日期：</td></tr>
<tr><td rowspan="3">签字栏</td><td>施工单位</td><td colspan="3"></td></tr>
<tr><td>专业质检员</td><td colspan="3"></td></tr>
<tr><td>专业技术负责人</td><td colspan="3"></td></tr>
</table>

训练 3　编制《施工检查记录》

表 5-4　施工检查记录

编号：________

<table>
<tr><td>工程名称</td><td colspan="2"></td><td>预检项目</td><td></td></tr>
<tr><td>检查部位</td><td colspan="2"></td><td>检查日期</td><td>年　月　日</td></tr>
<tr><td colspan="5">检查依据：</td></tr>
<tr><td colspan="5">检查内容：</td></tr>
<tr><td colspan="5">检查结论：</td></tr>
<tr><td colspan="5">复查意见：

复 查 人：
复查日期：　年　月　日</td></tr>
<tr><td>施工单位</td><td colspan="4"></td></tr>
<tr><td>专业技术负责人</td><td colspan="2">专业质检员</td><td colspan="2">专业工长</td></tr>
<tr><td></td><td colspan="2"></td><td colspan="2"></td></tr>
</table>

训练 4　编制《交接检查记录》

表 5-5　交接检查记录

编号：________

<table>
<tr><td>工程名称</td><td colspan="3"></td></tr>
<tr><td>移交单位名称</td><td></td><td>接收单位名称</td><td></td></tr>
<tr><td>交接部位</td><td></td><td>检查日期</td><td>年　月　日</td></tr>
<tr><td colspan="4">交接内容：</td></tr>
<tr><td colspan="4">检查结果：</td></tr>
<tr><td colspan="4">复查意见：
复 查 人：
复查日期：</td></tr>
<tr><td colspan="4">见证单位意见：
见证单位名称：</td></tr>
</table>

<table>
<tr><td rowspan="2">签字栏</td><td>移交单位</td><td>接收单位</td><td>见证单位</td></tr>
<tr><td></td><td></td><td></td></tr>
</table>

训练 5　编制《工程定位测量记录》

表 5-6　工程定位测量记录

<table>
<tr><td>建设单位</td><td colspan="2"></td><td>设计单位</td><td colspan="2"></td></tr>
<tr><td>工程名称</td><td colspan="2"></td><td>图纸依据</td><td colspan="2"></td></tr>
<tr><td>引进水准点位置</td><td></td><td>水准高程</td><td></td><td>单位工程±0.00</td><td></td></tr>
<tr><td colspan="6">工程位置草图</td></tr>
<tr><td>施工单位</td><td colspan="2">放线人：　　　　复核人：
技术负责人：
年　月　日</td><td>监理（建设）单位</td><td colspan="2">监理工程师：
（建设单位项目负责人）：
年　月　日</td></tr>
<tr><td>设计单位</td><td colspan="5">项目负责人：
年　月　日</td></tr>
</table>

训练 6　编制《基槽验线记录》

表 5-7　基槽验线记录

<table>
<tr><td colspan="2">工程名称</td><td></td><td>日　期</td><td>年　月　日</td></tr>
<tr><td colspan="5">验线依据及内容：
依据：</td></tr>
<tr><td colspan="5">基槽平面、剖面简图：</td></tr>
<tr><td colspan="5">检查意见：</td></tr>
<tr><td rowspan="3">签字栏</td><td rowspan="2">建设（监理）单位</td><td>施工测量单位</td><td colspan="2"></td></tr>
<tr><td>专业技术负责人</td><td>专业质检员</td><td>施测人</td></tr>
<tr><td></td><td></td><td></td><td></td></tr>
</table>

注：本表由建设单位、施工单位、城建档案馆各保存一份。

训练 7　编制《楼层平面放线记录》

表 5-8　楼层平面放线记录

<table>
<tr><td colspan="2">工程名称</td><td></td><td>日　期</td><td>年　月　日</td></tr>
<tr><td colspan="2">放线部位</td><td></td><td>放线内容</td><td></td></tr>
<tr><td colspan="5">放线依据：</td></tr>
<tr><td colspan="5">放线简图：</td></tr>
<tr><td colspan="5">检查意见：</td></tr>
<tr><td rowspan="3">签字栏</td><td rowspan="2">建设（监理）单位</td><td>施工单位</td><td colspan="2"></td></tr>
<tr><td>专业技术负责人</td><td>专业质检员</td><td>施测人</td></tr>
<tr><td></td><td></td><td></td><td></td></tr>
</table>

训练8 编制《楼层标高抄测记录》

表5-9 楼层标高抄测记录

<table>
<tr><td>工程名称</td><td></td><td>日 期</td><td>年 月 日</td></tr>
<tr><td>抄测部位</td><td></td><td>抄测内容</td><td></td></tr>
<tr><td colspan="4">抄测依据：</td></tr>
<tr><td colspan="4">抄测说明：</td></tr>
<tr><td colspan="4">检查意见：</td></tr>
</table>

<table>
<tr><td rowspan="3">签字栏</td><td rowspan="2">建设（监理）单位</td><td>施工单位</td><td colspan="2"></td></tr>
<tr><td>专业技术负责人</td><td>专业质检员</td><td>施测人</td></tr>
<tr><td></td><td></td><td></td><td></td></tr>
</table>

注：本表由施工单位填写并保存。

训练9 编制《建筑物垂直度、标高观测记录》

表5-10 建筑物垂直度、标高观测记录

<table>
<tr><td>工程名称</td><td colspan="3"></td></tr>
<tr><td>施工阶段</td><td></td><td>观测日期</td><td>年 月 日</td></tr>
<tr><td colspan="4">观测说明（附观测示意图）：</td></tr>
<tr><td colspan="2">垂直度测量（全高）</td><td colspan="2">标高测量（全高）</td></tr>
<tr><td>观测部位</td><td>实测偏差（mm）</td><td>观测部位</td><td>实测偏差（mm）</td></tr>
<tr><td></td><td></td><td></td><td></td></tr>
<tr><td></td><td></td><td></td><td></td></tr>
<tr><td></td><td></td><td></td><td></td></tr>
<tr><td></td><td></td><td></td><td></td></tr>
<tr><td colspan="4">结论：</td></tr>
</table>

<table>
<tr><td rowspan="3">签字栏</td><td rowspan="2">建设（监理）单位</td><td>施工单位</td><td colspan="2"></td></tr>
<tr><td>专业技术负责人</td><td>专业质检员</td><td>施测人</td></tr>
<tr><td></td><td></td><td></td><td></td></tr>
</table>

训练 10 编制《沉降观测记录》

表 5-11 沉降观测记录

<table>
<tr><td colspan="13">工程名称________________
结构型式______________ 层次___________ 仪 器___________
水准点号数及高程______________</td></tr>
<tr><td rowspan="2">测点</td><td>月 日</td><td colspan="2">月 日</td><td colspan="3">月 日</td><td colspan="3">月 日</td><td colspan="3">月 日</td></tr>
<tr><td>初次高程（m）</td><td>高程（m）</td><td>本次下沉（mm）</td><td>高程（m）</td><td>本次下沉（mm）</td><td>累计下沉（mm）</td><td>高程（m）</td><td>本次下沉（mm）</td><td>累计下沉（mm）</td><td>高程（m）</td><td>本次下沉（mm）</td><td>累计下沉（mm）</td></tr>
<tr><td></td><td></td><td></td><td></td><td></td><td></td><td></td><td></td><td></td><td></td><td></td><td></td><td></td></tr>
<tr><td></td><td></td><td></td><td></td><td></td><td></td><td></td><td></td><td></td><td></td><td></td><td></td><td></td></tr>
<tr><td></td><td></td><td></td><td></td><td></td><td></td><td></td><td></td><td></td><td></td><td></td><td></td><td></td></tr>
<tr><td></td><td></td><td></td><td></td><td></td><td></td><td></td><td></td><td></td><td></td><td></td><td></td><td></td></tr>
<tr><td></td><td></td><td></td><td></td><td></td><td></td><td></td><td></td><td></td><td></td><td></td><td></td><td></td></tr>
<tr><td>形象进度</td><td></td><td colspan="2"></td><td colspan="3"></td><td colspan="3"></td><td colspan="3"></td></tr>
<tr><td>观测人</td><td></td><td colspan="2"></td><td colspan="3"></td><td colspan="3"></td><td colspan="3"></td></tr>
<tr><td>沉陷观测点布置图</td><td colspan="12"></td></tr>
</table>

训练 11 编制《地基验槽检查记录》

表 5-12 地基验槽检查记录

工程名称： 编号：

<table>
<tr><td>施工单位</td><td colspan="2"></td><td colspan="2">设计单位</td></tr>
<tr><td>监理单位</td><td colspan="2"></td><td colspan="2">勘察单位</td></tr>
<tr><td>验槽部位</td><td colspan="2"></td><td>验槽日期</td><td>年 月 日</td></tr>
<tr><td colspan="5">验槽依据： 施工图纸编号： 及规程、规范。
设计变更编号：</td></tr>
<tr><td colspan="5">验槽内容：</td></tr>
<tr><td colspan="5">检查意见：</td></tr>
<tr><td>施工项目技术负责人：
年 月 日</td><td>建设（项目）负责人：
年 月 日</td><td>专业监理工程师：
年 月 日</td><td>设计（项目）负责人：
年 月 日</td><td>勘察（项目）负责人：
年 月 日</td></tr>
</table>

由施工单位填写，建设单位、监理单位、施工单位、设计单位各保存一份。

训练 12　编制《地基钎探记录》

表 5-13　地基钎探记录

工程名称					钎探日期		年　月　日	
套锤重		自由落距			钎　径			
顺序号	各步锤击数							
	0～30cm	30～60cm	60～90cm	90～120cm	120～150cm	150～180cm	180～210cm	备注
1								
2								
3								
4								
5								
6								
7								
8								
9								
10								
11								
12								
13								
14								
15								
16								
17								
18								
19								
20								
施工单位								

项目（专业）技术负责人	专业质检员	打钎人	记录人

附：钎探点布置图。

训练 13　编制《混凝土浇灌申请书》

表 5-14　混凝土浇灌申请书

编　号：

工程名称		申请浇灌日期	年　月　日　时
申请浇灌部位		申请方量（m^3）	
技术要求		强度等级	
搅拌方式		申请人	
依据：施工图纸（施工图纸号____________）、设计变更/洽商（编号________）和有关规范、规程。			

施工准备检查	专业工长（质量员）签字	备　注
1. 隐检情况：□已 □未完成隐检。		
2. 预检情况：□已 □未完成预检。		
3. 水电预埋情况：□已 □未完成并未经检查。		
4. 施工组织情况：□已 □未完备。		
5. 机械设备准备情况：□已 □未准备。		
6. 保温及有关准备：□已 □未完备。		

审批意见： 审批结论：□同意浇筑 □整改后自行浇筑 □不同意，整改后重新申请 审批人：　　　　　　　　　　审批日期： 施工单位名称：

注 1：本表由施工单位填写并保存，并交给监理一份备案。
注 2："技术要求"栏应依据混凝土合同的具体要求填写。

训练 14　编制《预拌混凝土运输单》

表 5-15　预拌混凝土运输单

工程名称：　　　　　　　　　　　　　　　　　　　　编　号：

合同编号		任务单号			
供应单位		生产日期	年　月　日		
施工部位					
委托单位		混凝土强度等级		抗渗等级	
混凝土输送方式		其他技术要求			
本车供应方量（m^3）		要求坍落度（mm）		实测坍落度（mm）	
配合比编号		配合比比例	$C:W:S:G=$		
运距（km）		车　号		车　次	
				司　机	
出站时间	时　分	到场时间	时　分	现场出罐温度（℃）	
开始浇筑时间	时　分	完成浇筑时间	时　分	现场坍落度（mm）	
现场验收人		混凝土供应单位质量员		混凝土供应单位签发人	
时　分				时　分	

施工单位保存。

训练 15 编制《混凝土开盘鉴定》

表 5-16 混凝土开盘鉴定

<table>
<tr><td>工程名称</td><td colspan="4"></td><td colspan="2">鉴定编号</td><td colspan="2"></td></tr>
<tr><td>部 位</td><td colspan="4"></td><td colspan="2">搅拌方式</td><td colspan="2"></td></tr>
<tr><td>施工单位</td><td colspan="4"></td><td colspan="2">要求坍落度（mm）</td><td colspan="2"></td></tr>
<tr><td>强度等级</td><td colspan="4"></td><td colspan="2" rowspan="2">试验单位</td><td colspan="2" rowspan="2"></td></tr>
<tr><td>配合比编号</td><td colspan="4"></td></tr>
<tr><td>材料名称</td><td>水 泥</td><td>砂 子</td><td>石 子</td><td>水</td><td>外加剂 1</td><td>外加剂 2</td><td>掺合料 1</td><td>掺合料 2</td></tr>
<tr><td>品种规格</td><td></td><td></td><td></td><td></td><td></td><td></td><td></td><td></td></tr>
<tr><td>级 别</td><td></td><td></td><td></td><td></td><td></td><td></td><td></td><td></td></tr>
<tr><td>原材料来源</td><td></td><td></td><td></td><td></td><td></td><td></td><td></td><td></td></tr>
<tr><td>设计每 m³ 用料（kg）</td><td></td><td></td><td></td><td></td><td></td><td></td><td></td><td></td></tr>
<tr><td>调整后每盘用料（kg）</td><td></td><td></td><td></td><td></td><td></td><td></td><td></td><td></td></tr>
<tr><td rowspan="4">鉴定结果</td><td rowspan="2">鉴定项目</td><td colspan="3">混凝土拌合物性能</td><td colspan="2" rowspan="2">混凝土试块抗压强度</td><td colspan="2" rowspan="2">原材料与申请单是否相符</td></tr>
<tr><td>坍落度（mm）</td><td>保水性</td><td>粘聚性</td></tr>
<tr><td></td><td></td><td></td><td></td><td colspan="2" rowspan="2"></td><td colspan="2" rowspan="2"></td></tr>
<tr><td></td><td></td><td></td><td></td></tr>
<tr><td>鉴定结论</td><td colspan="8"></td></tr>
<tr><td colspan="2">监理工程师（建设单位项目技术负责人）</td><td colspan="3">混凝土试配单位负责人</td><td colspan="2">施工单位负责人（专业技术负责人）</td><td colspan="2">搅拌机组负责人</td></tr>
<tr><td colspan="2"></td><td colspan="3"></td><td colspan="2"></td><td colspan="2"></td></tr>
<tr><td colspan="2">鉴定日期</td><td colspan="3"></td><td colspan="2"></td><td colspan="2"></td></tr>
</table>

训练 16 编制《混凝土拆模申请单》

表 5-17 混凝土拆模申请单

<table>
<tr><td colspan="2">工程名称</td><td colspan="2"></td><td>编 号</td><td colspan="2"></td></tr>
<tr><td colspan="2">申请拆模部位</td><td colspan="5"></td></tr>
<tr><td colspan="2">混凝土强度等级</td><td></td><td>混凝土浇筑完成时间</td><td></td><td>申请拆模时间</td><td></td></tr>
<tr><td colspan="7">构件类型
（在选择构件类型处划√）</td></tr>
<tr><td>□墙</td><td>□柱</td><td>板：
□跨度≤2m
□2m<跨度≤8m
□跨度>8m</td><td>梁：
□跨度≤8m
□跨度>8m</td><td colspan="2">□悬臂构件</td><td></td></tr>
<tr><td colspan="2">拆模时混凝土强度要求</td><td>龄 期（d）</td><td>同条件混凝土抗压强度（MPa）</td><td colspan="2">达到设计强度等级（%）</td><td>强度报告编号</td></tr>
<tr><td colspan="2">应达到设计强度的____%
（或______ MPa）</td><td></td><td></td><td colspan="2"></td><td></td></tr>
</table>

续表

拆模时混凝土强度符合规范要求 项目技术负责人：　　　　年　月　日
项目监理机构审查意见： 专业监理工程师：　　　　年　月　日

训练 17　编制《混凝土搅拌测温记录》

表 5-18　混凝土搅拌测温记录

工程名称						编　号		
						测温时间		
浇筑部位								
搅拌机编号						测温方式		
测温项目		各测点温度（℃）				平均温度（℃）	间隔时间（h）	备　注
		1	2	3	4			
1	室外环境							
2	搅拌机棚							
3	水							
4	水泥							
5	砂							
6	石							
7	外加剂溶液							
8	混凝土出罐							
9	混凝土入模							
项目技术负责人： 年　月　日			专业质检员： 年　月　日			测温人： 年　月　日		

训练 18　编制《混凝土养护测温记录》

表 5-19　混凝土养护测温记录

<table>
<tr><td colspan="3">工程名称</td><td colspan="19"></td></tr>
<tr><td colspan="3">部　位</td><td colspan="8"></td><td colspan="4">养护方法</td><td colspan="3"></td><td colspan="2">测温方式</td><td colspan="2"></td></tr>
<tr><td colspan="3">测温时间</td><td rowspan="2">大气温度（℃）</td><td colspan="14">原材料温度（℃）</td><td rowspan="2">平均温度（℃）</td><td rowspan="2">间隔时间（h）</td><td colspan="2">成熟度</td></tr>
<tr><td>月</td><td>日</td><td>时</td><td>1#</td><td>2#</td><td>3#</td><td>4#</td><td>5#</td><td>6#</td><td>7#</td><td>8#</td><td>9#</td><td>10#</td><td>11#</td><td>12#</td><td>13#</td><td>14#</td><td>本次</td><td>累计</td></tr>
<tr><td></td><td></td><td></td><td></td><td></td><td></td><td></td><td></td><td></td><td></td><td></td><td></td><td></td><td></td><td></td><td></td><td></td><td></td><td></td><td></td><td></td><td></td></tr>
<tr><td></td><td></td><td></td><td></td><td></td><td></td><td></td><td></td><td></td><td></td><td></td><td></td><td></td><td></td><td></td><td></td><td></td><td></td><td></td><td></td><td></td><td></td></tr>
<tr><td></td><td></td><td></td><td></td><td></td><td></td><td></td><td></td><td></td><td></td><td></td><td></td><td></td><td></td><td></td><td></td><td></td><td></td><td></td><td></td><td></td><td></td></tr>
<tr><td colspan="4">审核意见</td><td colspan="18"></td></tr>
<tr><td colspan="4">专业技术负责人</td><td colspan="14">专业质检员</td><td colspan="4">记录人</td></tr>
<tr><td colspan="4"></td><td colspan="14"></td><td colspan="4"></td></tr>
</table>

训练 19　编制《构件吊装记录》

表 5-20　构件吊装记录

<table>
<tr><td>工程名称</td><td colspan="3"></td><td colspan="2">编　号</td><td colspan="3"></td></tr>
<tr><td>使用部位</td><td colspan="3"></td><td colspan="2">吊装日期</td><td colspan="3"></td></tr>
<tr><td rowspan="2">序　号</td><td rowspan="2">构件名称及编号</td><td rowspan="2">安装位置</td><td colspan="4">安装检查</td><td rowspan="2">备　注</td></tr>
<tr><td>搁置与搭接尺寸</td><td>接头（点）处理</td><td>固定方法</td><td>标高检查</td></tr>
<tr><td></td><td></td><td></td><td></td><td></td><td></td><td></td><td></td></tr>
<tr><td></td><td></td><td></td><td></td><td></td><td></td><td></td><td></td></tr>
<tr><td colspan="8">结论：</td></tr>
<tr><td colspan="8">施工单位：　　　　专业技术负责人：　　　　专业质检员：</td></tr>
</table>

训练20　编制《地下工程防水效果检查记录》

表5-21　地下工程防水效果检查记录

工程名称：　　　　　　　　　　　施工单位：　　　　　　　　　　　项目经理：

<table>
<tr><td colspan="2">验收部位</td><td colspan="2"></td><td>图　号</td><td></td><td>日　期</td><td></td></tr>
<tr><td>工程检查情况</td><td colspan="7"></td></tr>
<tr><td rowspan="2">施工单位检查结论</td><td colspan="2">专业工长（施工员）</td><td colspan="2"></td><td colspan="2">施工班组长</td><td></td></tr>
<tr><td colspan="7">项目专业质量检查员：　　　　　　　　年　　月　　日</td></tr>
<tr><td>监理（建设）单位复查结论</td><td colspan="7">专业监理工程师（建设单位项目专业技术负责人）：　　　　　　　　年　　月　　日</td></tr>
</table>

训练21　编制《防水工程试水检查记录》

表5-22　防水工程试水检查记录

<table>
<tr><td>工程名称</td><td colspan="2"></td><td>编　　号</td><td></td></tr>
<tr><td>检查部位</td><td colspan="2"></td><td>检查日期</td><td>年　月　日</td></tr>
<tr><td rowspan="2">检查方式</td><td>□第一次蓄水</td><td>□第二次蓄水</td><td>蓄水时间</td><td>从20___年___月___日___时
至20___年___月___日___时</td></tr>
<tr><td>□淋水</td><td colspan="3">□雨期观察</td></tr>
<tr><td colspan="5">检查方法及内容：</td></tr>
</table>

续表

检查结论：				
复查结论： 复查人：　　　　　　　　复查日期：				
签字栏	施工单位		专业技术负责人	专业质检员
	监理或建设单位		专业工程师	

训练 22　编制《通风（烟）道、垃圾道检查记录》

表 5-23　通风（烟）道、垃圾道检查记录

工程名称				编　号			
				检查日期			
检查部位和检查结果						检查人	复检人
检查部位	主烟（风）道		副烟（风）道		垃圾道		
	烟　道	风　道	烟　道	风　道			

签字栏	施工单位		
	专业技术负责人	专业质检员	专业工长

训练 23　编制《预应力筋张拉记录》

表 5-24　预应力筋张拉记录（一）

工程名称：　　　　　　　　　　　　　　　　　　　　　　　　编　号：

施工单位		张拉日期	年　月　日
施工部位		预应力类型	
预应力张拉程序及平面示意图：			
张拉端锚具类型		固定端锚具类型	
预应力筋规格		抗拉强度（MPa）	
设计控制应力（MPa）		实际张拉力（MPa）	
千斤顶编号		压力表编号	
混凝土设计强度（MPa）		张拉时混凝土 实际强度（MPa）	
预应力筋计算伸长值：			
预应力筋伸长值范围：			
张拉记录值，见附表（二）			
张拉结果：			
专业监理工程师： 年　月　日	质检员： 年　月　日	预应力施工员： 年　月　日	

本表由施工单位填写，建设单位、施工单位、监理单位各保存一份。

表 5-25　预应力筋张拉记录（二）

工程名称：　　　　　　　　　　　　　　　　　　　　　　　　　　　　编　号：

<table>
<tr><td colspan="2">施工单位</td><td colspan="3"></td><td colspan="2">张拉日期</td><td colspan="3">年　月　日</td></tr>
<tr><td colspan="2">施工部位</td><td colspan="3"></td><td colspan="2">预应力类型</td><td colspan="3"></td></tr>
<tr><td rowspan="3">张拉顺序编号</td><td rowspan="3">计算值</td><td colspan="7">预应力筋张拉伸长率实测值（cm）</td><td rowspan="3">备　注</td></tr>
<tr><td colspan="3">一端张拉</td><td colspan="4">另一端张拉</td></tr>
<tr><td>原长 L_1</td><td>实长 L_2</td><td>伸长 $\triangle L$</td><td>原长 L'_1</td><td>实长 L'_2</td><td>伸长 $\triangle L'$</td><td>总伸长</td></tr>
<tr><td></td><td></td><td></td><td></td><td></td><td></td><td></td><td></td><td></td><td></td></tr>
<tr><td></td><td></td><td></td><td></td><td></td><td></td><td></td><td></td><td></td><td></td></tr>
<tr><td></td><td></td><td></td><td></td><td></td><td></td><td></td><td></td><td></td><td></td></tr>
<tr><td></td><td></td><td></td><td></td><td></td><td></td><td></td><td></td><td></td><td></td></tr>
<tr><td></td><td></td><td></td><td></td><td></td><td></td><td></td><td></td><td></td><td></td></tr>
<tr><td></td><td></td><td></td><td></td><td></td><td></td><td></td><td></td><td></td><td></td></tr>
<tr><td></td><td></td><td></td><td></td><td></td><td></td><td></td><td></td><td></td><td></td></tr>
<tr><td></td><td></td><td></td><td></td><td></td><td></td><td></td><td></td><td></td><td></td></tr>
<tr><td></td><td></td><td></td><td></td><td></td><td></td><td></td><td></td><td></td><td></td></tr>
<tr><td></td><td></td><td></td><td></td><td></td><td></td><td></td><td></td><td></td><td></td></tr>
<tr><td></td><td></td><td></td><td></td><td></td><td></td><td></td><td></td><td></td><td></td></tr>
<tr><td></td><td></td><td></td><td></td><td></td><td></td><td></td><td></td><td></td><td></td></tr>
<tr><td></td><td></td><td></td><td></td><td></td><td></td><td></td><td></td><td></td><td></td></tr>
<tr><td></td><td></td><td></td><td></td><td></td><td></td><td></td><td></td><td></td><td></td></tr>
<tr><td colspan="4">质检员：

年　月　日</td><td colspan="6">预应力施工员：

年　月　日</td></tr>
</table>

本表由施工单位填写，附在表（一）后。

工作任务6 编制施工试验记录文件

6.1 施工试验记录时限要求及签认权限

施工试验记录时限要求及签认权限见表6-1。

表6-1 施工试验记录时限要求及签认权限

序号	工程资料名称	完成或提交时限	主要签认责任	责任单位或部门
1	设备单机试运转记录	在系统管道和设备安装完毕后进行，合格后1d内完成	项目机电部	机电部经理、专业质检员、专业工长
2	系统试运转调试记录	设备单机试运转完毕后进行，合格后1d内完成	项目机电部	机电部经理、专业质检员、专业工长
3	地基承载力检验报告	支护、桩（地）基工程验收前10d提交	检测单位	有资质的检测单位提供，专业分包负责汇总
4	回填土试验报告	随回填土施工进度完成干密度试验3d左右	试（检）验单位	有资质的试验单位提供，试验员收集
5	钢筋连接试验报告	钢筋隐蔽验收前完成力学试验1～3d	试（检）验单位	有资质的试验单位提供，试验员收集
6	砂浆配合比申请单、通知单	砂浆砌筑开始前提交	试（检）验单位	有资质的试验单位提供，试验员收集
7	砂浆抗压强度试验报告	标养30d内提交；同条件视龄期而定	试（检）验单位	有资质的试验单位提供，试验员收集
8	砌筑砂浆试块强度统计、评定记录	同一验收批强度报告齐全后评定，分项质量验收前1d提交	项目技术负责人、质量员	项目质量部
9	混凝土配合比申请单、通知单	混凝土浇筑开始前提交	试（检）验单位	有资质的试验单位提供，试验员收集
10	混凝土抗压强度试验报告	标养30d内提交；同条件视龄期而定	试（检）验单位	有资质的试验单位提供，试验员收集
11	混凝土试块强度统计、评定记录	同一验收批报告齐全后评定，混凝土分项质量验收前1d提交	项目技术负责人、质量员	项目质量部
12	混凝土抗渗试验报告	混凝土分项工程质量验收前提交，抗渗试验30～90d	试（检）验单位	有资质的试验单位提供，试验员收集
13	灌（满）水试验记录	在系统管道和设备安装完毕后进行，并要在暗装、埋地、有绝热层的室内外排水管道进行隐蔽前完成	项目机电部	机电部经理、专业质检员、专业工长

续表

序号	工程资料名称	完成或提交时限	主要签认责任	责任单位或部门
14	强度严密性试验记录	承压管道、设备在安装完毕后进行，并要在进行隐蔽之前完成	项目机电部	机电部经理、专业质检员、专业工长
15	通水试验记录	在各系统管道、卫生洁具、地漏及地面清扫口的分系统（区、段）施工完成后进行，并要在进行隐蔽之前完成	项目机电部	机电部经理、专业质检员、专业工长
16	吹（冲）洗（脱脂）试验	各系统管道在分系统（区、段）施工完成后进行试验，并要在进行隐蔽之前完成	项目机电部	机电部经理、专业质检员、专业工长
17	通球试验记录	排水水平干管、主立管施工完成后进行，并要在进行隐蔽之前完成	项目机电部	机电部经理、专业质检员、专业工长
18	消火栓试射记录	在消火栓系统安装完成后进行	项目机电部	机电部经理、专业质检员、专业工长
19	电气接地电阻测试记录	接地装置完成后进行，若未达到设计要求，增设人工接地体，增设后再次测试	专业分包及项目机电部	项目机电部专业技术负责人、专业质检员、专业工长
20	电气绝缘电阻测试记录	配管及管内穿线分项质量验收前和单位工程竣工验收前完成	项目机电部	项目机电部技术负责人、质检员、专业工长
21	电气器具通电安全检查记录	电气器具安装完成后进行	项目机电部	项目机电部专业技术负责人、专业质检员、专业工长
22	电气设备空载试运行记录	电气设备安装完成后进行	专业分包及项目机电部	项目机电部专业技术负责人、专业质检员、专业工长
23	建筑物照明通电试运行记录	单位工程竣工验收前完成	项目机电部	项目机电部专业技术负责人、专业质检员、专业工长
24	漏电开关模拟试验记录	漏电开关安装完毕，分项质量验收前完成	项目机电部	项目机电部专业技术负责人、专业质检员、专业工长
25	大容量电气线路结点测温记录	分项工程安装完毕，分项质量验收前或单位工程质量竣工前完成	项目机电部	项目机电部专业技术负责人、专业质检员、专业工长
26	风管漏光检测记录	在风管系统安装完成后进行，并要在进行隐蔽之前完成	项目机电部	项目机电部经理、专业质检员、专业工长
27	风管漏风检测记录	在风管系统安装完成后进行，并要在进行隐蔽之前完成	项目机电部	项目机电部经理、专业质检员、专业工长
28	现场组装除尘器、空调机漏风检测记录	在设备安装完成后进行	项目机电部	项目机电部经理、专业质检员、专业工长
29	各房间室内风量温度测量记录	在无生产负荷联合试运转时进行	项目机电部	项目机电部经理、专业质检员、专业工长
30	管网风量平衡记录	在无生产负荷联合试运转时进行	项目机电部	项目机电部经理、专业质检员、专业工长

续表

序号	工程资料名称	完成或提交时限	主要签认责任	责任单位或部门
31	空调系统试运转调试记录	在无生产负荷联合试运转时进行	项目机电部	项目机电部经理、专业质检员、专业工长
32	空调水系统试运转调试记录	在无生产负荷联合试运转及调试时进行	项目机电部	项目机电部经理、专业质检员、专业工长

6.2　施工试验记录相关规定及要求

6.2.1　《设备单机试运转记录》

给水系统设备、热水系统设备、机械排水系统设备、消防系统设备、采暖系统设备、水处理系统设备，以及通风与空调系统的各类水泵、风机、冷水机组、冷却塔、空调机组、新风机组等设备在安装完毕后，应进行单机试运转，并做记录。详见表 6-2。

6.2.2　《系统试运转调试记录》

采暖系统、水处理系统、通风系统、制冷系统、净化空调系统等应进行系统试运转及调试，并做记录。

（1）本记录适用于系统试运转调试记录。

（2）本记录由施工单位项目技术负责人填写，经建设单位项目负责人、监理单位总监理工程师、专业监理工程师、施工单位项目经理、技术和质量部门负责人、设计单位项目负责人签认后归档。

（3）系统调试前，施工（承包）单位应编制调试方案，报送专业监理工程师审核批准；调试结束后，必须提供完整的调试资料和报告。

（4）系统调试所使用的测试仪器和仪表，性能应稳定可靠，其精度等级及最小分度值应能满足测定的要求，并应符合国家有关计量法规及检定规程的规定。详见表 6-3。

6.2.3　《地基承载力检验报告》

本表的具体内容和填写可参见表 6-4，填写方法不再详细说明。

6.2.4　《回填土试验报告》(应附图)

回填土一般包括柱基、基槽管沟、基坑、填方、场地平整、排水沟、地（路）面基层和地基局部处理回填的素土、灰土、砂和砂石。

取样位置简图：应按规范要求绘制回填土取点平面、剖面示意图，标明重要控制轴线、尺寸数字；分段、分层（步）取样，指北针方向等。现场取样步数、点号须与试验报告各步、点一一对应，并注明回填土的起止标高。详见表 6-5。

6.2.5　《钢筋连接试验报告》

（1）用于焊接、机械连接的钢筋接头，其接头的力学性能和工艺性能应符合现行国家标准。

(2) 在工程开工正式焊（连）接之前及施工过程中，应对每批进场的钢筋，在现场条件下进行焊接工艺试验（可焊性），机械连接应进行工艺检验。可焊性试验、工艺检验合格后方可进行焊接或机械连接的施工。

(3) 钢筋焊接、机械连接的工艺检验、现场检验、型式检验验收批的划分、取样数量及必试项目按国家现行有关标准、规范的规定执行。

(4) 承重结构工程中的钢筋连接接头按规定实行有见证取样和送检的管理。

(5) 焊（连）接工人必须具有有效的岗位证书。详见表 6-6。

6.2.6 《砂浆配合比申请单、通知单》

(1) 委托单位应依据设计强度等级、技术要求、施工部位、原材料情况等，向试验部门提出配合比申请单，试验部门依据配合比申请单，按照《砌体结构工程施工质量验收规范》(GB 50203—2011) 的相关规定，并执行《砌筑砂浆配合比设计规程》(JGJ/T 98—2010)，签发配合比通知单。

(2) 砂浆配合比委托应提前办理，一般提前 10d 左右委托为宜（砂浆配合比一般通过 7d 强度值推定 28d 强度值来计算配合比，另外原材料试验也需要 2～3d 时间）。

(3) 砌筑砂浆应采用经试验确定的重量配合比，施工中要严格按配合比计量施工，不得随意变更。

(4) 如砂浆的组成材料（水泥、骨料、外加剂等）有变化，其配合比应重新试配选定。

(5) 砂浆的品种、强度等级、稠度、分层度、强度必须满足设计要求及《砌筑砂浆配合比设计规程》(JGJ/T 98—2010)，如品种、强度等级有变动，应征得设计的同意，并办理洽商。

(6) 水泥混合砂浆所用生石灰、黏土及电石渣均应化膏使用，其使用稠度宜为 120±5(mm) 计量。

水泥砂浆和水泥石灰砂浆中掺用微沫剂，其掺量应事先通过试验确定。水泥黏土砂浆中，不得掺入有机塑化剂。详见表 6-7、表 6-8。

6.2.7 《砂浆抗压强度试验报告》

每一楼层或 250m^{3}砌体的各种类型及强度等级的砌筑砂浆，每台搅拌机应至少抽检一次，每次至少应制作一组试块，每组由 6 个试块组成。如砂浆等级或配合比变更时，还应制作试块。

冬期施工期间还应留置与工程同条件养护 28d 再转标准养护 28d 强度试件。

承重结构的砌筑砂浆试块，应按规定实行有见证取样和送检。详见表 6-9。

6.2.8 《砌筑砂浆试块强度统计、评定记录》

(1) 砂浆试块强度评定。

1) 砂浆试块试压后，应将砂浆试块试压报告按施工部位及时间顺序编号，及时登记在砂浆试块试压报告目录表中。

2) 结构验收（基础或主体结构完成后）前，按单位工程同品种、同强度等级砂浆为同一验收批，参加评定的必须是标准养护 28d 试块的抗压强度，工程中所用各品种、各强度等级的砂浆强度都应分别进行统计评定。

（2）合格判定（砂浆试块强度统计评定）。

当施工中或验收时出现下列情况，可采用非破损和微破损检测方法对砂浆和砌体强度进行原位检测或取样检测，判定其强度，并应由有资质等级的检测单位出具检测报告。

① 砂浆试块缺乏代表性或试块数量不足。

② 对砂浆试块的试验结果有怀疑或争议。

③ 砂浆试块的试验结果已判定不能满足设计要求，需要确定砂浆或砌体强度。

（3）砌筑砂浆的验收批，同一类型、同一强度等级的砂浆试块应不小于三组。当同一验收批只有一组试块时，该组试块抗压强度的平均值必须大于或等于设计强度等级所对应的立方体抗压强度。

（4）砌筑砂浆试块强度统计评定应由项目专业质检员负责填报，项目技术负责人审核，发现不合格应及时采取措施。详见表 6-10。

6.2.9　《混凝土配合比申请单、通知单》

（1）现场搅拌混凝土应有配合比申请单和配合比通知单。预拌混凝土应有试验室签发的配合比通知单。委托单位应依据设计强度等级、技术要求、施工部位、原材料情况等向试验部门提出配合比申请单，试验部门依据配合比申请单签发配合比通知单。

（2）依据《混凝土结构工程施工质量验收规范》（GB 50204—2015）中的规定，并执行《普通混凝土配合比设计规程》（JGJ 55—2011）、《混凝土质量控制标准》（GB 50164—2011）和《轻骨料混凝土技术规程》（JGJ 51—2002）。

（3）配制混凝土时，应根据配制的混凝土的强度等级，选用适当品种、强度等级的水泥，以便在既满足混凝土强度要求，符合为满足耐久性所规定的最大水灰比、最小水泥用量要求的前提下，减少水泥用量，达到技术可行、经济合算。

（4）结构用混凝土应采用经试验室确定的重量配合比，施工中要严格按配合比计量施工，不得随意变更。

（5）应重新申请试配的条件：对混凝土性能指标有特殊要求时；水泥、外加剂或矿物掺合料品种、质量有显著变化时；混凝土配合比使用过程中，发现原材料质量有较大波动时；冬季与常温季节变换时。

（6）混凝土配合比申请单、通知单应在达到试验周期，且在正式施工前，由项目试验员负责领取，检查内容齐全无误后提交项目技术员或资料员。详见表 6-11、表 6-12。

6.2.10　《混凝土抗压强度试验报告》

（1）一般规定。

通过对原材料的质量检验与控制、混凝土配合比的确定与控制、混凝土生产和施工过程各工序的质量检验与控制，以及合格性检验控制，使混凝土的质量符合规定要求。

1）配制混凝土用的材料要求。

配置混凝土的各种原材料品种、规格和技术性能应符合国家现行标准规定和设计要求。水泥、外加剂及掺合料等还应进行碱含量检测，砂、石等应进行碱活性检测，碱含量或碱活性应符合设计要求和有关规范、规程的规定。

2）应有配合比申请单和由试验室签发的配合比通知单，施工中如材料有变化时，应有修改配合比的试验资料。

3）质量检验。

各种材料、各工程项目和各个工序，应经常进行检验，保证符合设计要求和相关标准规定。

（2）混凝土的资料管理应符合下列要求。

1）应有混凝土使用的各种原材料如水泥、外加剂、粗细骨料、掺合料等的质量证明文件和按规定进行的进场复试报告。

2）现场搅拌混凝土应有配合比申请单和配合比通知单。预拌混凝土应有试验室签发的配合比通知单。

3）应有按规定留置的龄期为28d的标准养护试块和一定数量的同条件养护试块的抗压强度试验报告。冬期施工掺防冻剂的混凝土应按照《混凝土外加剂应用技术规范》（GB 50119—2013）的要求，有受冻临界强度试块和转常温试块的抗压强度试验报告。

4）按照《混凝土结构工程施工质量验收规范》（GB 50204—2015）规定，应有C20以上每个强度等级的结构实体强度检验报告。

5）抗渗混凝土、特种混凝土除应具备上述资料外，还应有专项试验报告。

6）应有单位工程《混凝土试块强度统计、评定记录》。统计、评定方法及合格标准应符合有关标准的规定。

7）抗压强度试块、抗渗性能试块的留置数量及必试项目应符合有关标准的规定。

8）混凝土试块的制作和试验应由项目试验员负责。承重结构的混凝土抗压强度试块，应按规定实行有见证取样和送检。

9）结构混凝土出现不合格检验批的，或未按规定留置试块的，应有结构处理的相关资料；需要检测的，应有相应资质检测机构的检测报告，并有设计单位出具的认可文件。

10）预防混凝土结构工程碱集料反应按有关规范、规程、标准的规定执行，有相关检测报告。

（3）根据混凝土试块的龄期，项目试验员在达到试块的试验周期后，凭试验委托合同单到检测单位领取完整的混凝土抗压强度试验报告。领取试验报告时，应认真查验报告内容，如发现与委托内容不符或存在其他笔误，视不同情况按检测单位的相应规定予以解决。

（4）标准养护试件、同条件试件抗压强度结果应符合设计要求、规范规定，如结果不合格或异常（超强），试验员应及时上报项目技术、质量部门处理。

（5）混凝土试验报告的分类整理要求：标养强度报告应按照桩基础、地基基础、主体结构强度报告分类整理；同条件强度报告应按照拆模、张拉、结构实体检验、受冻临界强度、吊装等分类整理。

（6）报告中的混凝土强度等级、成型日期、强度值应与施工图、配合比、混凝土运输单、混凝土浇灌申请、检验批质量验收记录的相关内容相符。详见表6-13。

6.2.11 《混凝土试块强度统计、评定记录》

（1）强度等级相同、龄期相同、配合比基本相同（是指施工配制强度相同，并能在原材料有变化时及时调整配合比，使其施工配制强度目标值不变）、生产工艺条件基本相同的混凝土为一验收批。

（2）对于混凝土结构还应按同一验收工程的不同的验收阶段（如桩基础、地基基础、主体结构、砌体结构）划分验收批，进行强度统计评定。

（3）对同一验收批的混凝土强度，应以同一批内标准试件（边长为150mm的立方体试件）的全部强度代表值来评定。

（4）掺粉煤灰的地面、地下和大体积混凝土龄期可采用60d、90d或180d；结构实体检验混凝土采用等效养护龄期。

（5）混凝土强度统计评定工作应由项目质量员负责，如评定结果不合格应及时上报有关部门（技术负责人、监理单位）采取处理措施。

（6）确定单位工程中需统计评定的混凝土验收批，找出所有同一强度等级的各组试件强度值，分别填入表中。

（7）填写所有已知项目。

（8）分别计算出该批混凝土试件的强度平均值、标准差，找出合格判定系数和混凝土试件强度最小值填入表中。

（9）计算出各评定数据并对混凝土试件强度进行判定，结论填入表中。

（10）签字、上报、存档。详见表6-14。

6.2.12　《混凝土抗渗试验报告》

（1）防水混凝土和有特殊要求的混凝土，应有配合比申请单和配合比通知单及抗渗试验报告和其他专项试验报告。应符合《地下防水工程质量验收规范》（GB 50208—2011）中的有关规定，防水混凝土要进行稠度、强度和抗渗性能三项试验。稠度和强度试验同普通混凝土。防水混凝土抗渗性能，应采用标准条件下养护的防水混凝土抗渗试块的试验结果评定。

（2）有抗渗要求的混凝土应留置检验抗渗性能的试块，留置原则可依据《地下防水工程质最验收规范》（GB 50208—2011）中第4.1.5条，对连续浇筑混凝土每500m^{3}应留置一组抗渗试块，且每项工程不得少于两组，其中至少一组在标准条件下养护。抗渗等级以每组6个试块中有3个试件端面呈有渗水现象时的水压（H）计算出的P值进行评定。若按委托抗渗等级P评定（6个试件均无透水现象）：应试压至$P+1$时的水压，方可评为$>P$。采用预拌混凝土的抗渗试块，留置组数应视结构的规模和要求而定。

抗渗性能试验应符合现行《普通混凝土长期性能和耐久性能试验方法标准》（GB/T 50082—2009）的有关规定。详见表6-15。

6.2.13　《灌水、满水试验记录》

（1）非承压管道系统和设备，包括开式水箱、卫生器具、安装在室内的雨水管道，暗装、直埋或有隔热层的室内外排水管道进行隐蔽前，均应进行灌（满）水试验，并做记录。

（2）隐蔽或埋地的排水管道在隐蔽前必须做灌水试验，其灌水高度不应低于底层卫生器具的上边缘或底层地面高度。满水10min水面下降后，再灌满观察5min，液面不降，管道及接口无渗漏为合格。

（3）安装在室内的雨水管道安装后应做灌水试验，灌水高度必须到每根立管上部的雨水斗。灌水试验应持续1h，不渗不漏。

（4）开式水箱应在管道、附件开口均完成后，将甩口临时封闭，满水试验静置24h观察，不渗不漏为合格。

(5) 卫生器具交工前应做满水试验，满水后各连接件应不渗不漏。

(6) 室外排水管道埋设前必须做灌水试验，应按排水检查井分段进行，试验水头应以试验段上游管顶加 1m，试验时间不少于 30min，逐段观察，管接口无渗漏。详见表 6-16。

6.2.14 《强度严密性试验记录》

(1) 项目的划分。

一般按规范和设计要求分部位、分系统进行。

(2) 试验的内容。

1) 室内外输送各种介质的承压管道、设备、阀门、密闭水箱（罐）、成组散热器及其他散热设备等应进行强度严密性试验并做记录。

2) 阀门试验。

阀门安装前，应做强度和严密性试验。试验应在每批（同牌号、同型号、同规格）数量中抽查 10%，并且不少于一个。对于安装在主干管上起切断作用的闭路阀门，应逐个进行强度和严密性试验。强度试验压力为公称压力的 1.5 倍；严密性试验压力为公称压力的 1.1 倍；试验压力在试验时间内应保持不变，且壳体填料及阀瓣密封面无渗漏。

在阀门抽检压力试验中，如发现有压力降及有渗漏现象，即判定为该批（同牌号、同型号、同规格）阀门为不合格；对于逐个进行强度和严密性试验的阀门，如发现有不合格的情况出现，并不代表其他的阀门也不可使用。但如在同规格、同型号的阀门第二次试验时还有不合格的情况出现，建议做全部退货处理。

3) 喷洒头试验。

试验数量宜从每批中抽查 1%，但不得少于 5 只，试验压力应为 3.0MPa；保压时间不得少于 3mm。当 2 只及 2 只以上不合格时，不得使用该批喷头。当仅有 1 只不合格时，应再抽查 2%，但不得少于 10 只；重新进行密封性能试验，当仍有不合格时，亦不得使用该批喷头。

4) 地板辐射采暖集水器、分水器试验。

分水器、集水器组件安装前，应做强度和严密性试验。试验应在每批数量中抽查 10%，且不得少于一个。对安装在分水器进口、集水器出口及旁通管上的旁通阀门，应逐个做强度和严密性试验，合格后方可使用。

强度试验压力应为工作压力的 1.5 倍；严密性试验压力应为工作压力的 1.1 倍，试验时间 2min，其间压力应保持不变，应无渗漏。

5) 室内给水系统水压试验。

室内给水系统分为室内生活给水系统、消火栓给水系统。

6) 室内热水供应系统的水压试验。

热水供应系统安装完毕，管道保温之前应进行水压试验。试验压力应符合设计要求。所有室内热水供应系统的试压记录单独编号，从 05-C6-001 开始，顺序编号。

7) 散热器、密闭箱、罐水压试验。

散热器组对后，以及整组出厂的散热器还有密闭箱、罐在安装之前应逐个做水压试验，试验记录要分别填写，分别顺序编号。试验压力如设计无要求时应为工作压力的 1.5 倍，但不小于 0.6MPa。散热器试验时间为 2～3min，密闭箱、罐的水压试验时间为 10min，压力不降且不渗漏为合格。在散热器试验时，可以分批进行试验，要注明试验开始时间和结束时间，每批试验多少组，记录要合理。

8）低温热水地板辐射采暖系统水压试验。

地面下敷设的盘管隐蔽前必须进行水压试验，试验压力为工作压力的 1.5 倍，但不小于 0.6MPa。稳压 1h 内压力降不大于 0.05MPa 且不渗不漏。为确保工程质量，在浇捣混凝土填充层之前和混凝土填充层养护期满之后应分别进行一次水压试验，或在混凝土填充层浇捣和养护期间保持管道内压力不变，也就是带压隐蔽。同样，对于集中采暖分户计量散热器采暖的管道系统，采暖支管采用塑料管道或复合管道暗埋在混凝土垫层内，在隐蔽时也应进行带压隐蔽。低温热水地板辐射采暖系统的所有水压试验记录要纳入到采暖系统水压试验记录编号当中。

采暖盘管的单项试压，在试验压力下，应无压降为合格。

9）集中采暖系统的水压试验。

采暖系统安装完毕，管道保温之前应进行水压试验。

10）室外给水管网必须进行水压试验，试验压力为工作压力的 1.5 倍，但不得小于 0.6MPa。管材为钢管、铸铁管时，试验压力下 10min 内压力降不应大于 0.05MPa，然后降至工作压力进行检查，压力应保持不变，不渗不漏；管材为塑料管时，试验压力下稳压 1h 压力降不大于 0.05MPa，然后降至工作压力进行检查，压力应保持不变，不渗不漏。

11）消防水泵接合器及室外消火栓系统必须进行水压试验，试验压力为工作压力的 1.5 倍，但不得小于 0.6MPa。试验压力下 10min 内压力降不应大于 0.05MPa，然后降至工作压力进行检查，压力应保持不变，不渗不漏。

12）室外供热管网必须进行水压试验。试验压力为工作压力的 1.5 倍，但不得小于 0.6MPa。在试验压力下 10min 内压力降不应大于 0.05MPa，然后降至工作压力进行检查，应不渗不漏。

13）锅炉的汽、水系统安装完毕后，必须进行水压试验。

14）连接锅炉及辅助设备的工艺管道安装完毕后，必须进行系统的水压试验，试验压力为系统中最大工作压力的 1.5 倍。在试验压力 10min 内压力降不超过 0.05MPa，然后降至工作压力进行检查，不渗不漏。详见表 6-17。

6.2.15　《通水试验记录》

室内外给水（冷、热）、中水及游泳池水系统、卫生器具、地漏、地面清扫口及室内外排水系统应分部位、分系统进行通水试验，并做记录。通水试验应在工程设备、管道安装完成后进行。

各系统通水试验的具体要求和内容如下：

（1）给水系统的通水试验。给水系统的通水试验主要是检查水嘴和阀门开启、关闭是否灵活，其他附件（如减压阀）工作是否正常，水流是否畅通，管路无异常现象，管道接口无渗漏。检查配水点的水压情况是否满足设计要求。多层建筑可以按楼门单元进行，高层建筑可以按不同的区域分别进行。

（2）排水管道系统的通水试验。排水管道系统的通水试验主要是检验排水管道的通水能力以及管道是否畅通，每个卫生间或厨房内都要进行通水，应逐层从下往上进行试验；检查各管道接口不漏水后再按给水系统的 1/3 配水点同时开放，以检验排水系统的通水能力。如果是初装修，不安装卫生器具，虽然不能具备同时开放 1/3 配水点由卫生器具放水的条件，排水管道的通水试验应根据实际情况进行，但必须要做通水试验。用什么容器（或临时胶皮管）往排水管道灌水（要达到1/3配水点开放的水量）都要表述清楚，检查管道是否畅通，管道接口是否渗漏。根据系统情况分系统或分层、分区域进行。

（3）室内雨水管道通水试验。试验时往屋面放水，使排水管满流排放，检查雨水管道排水能力是否及时、流畅，屋面不能有积水。按段进行填写。

（4）卫生器具的通水试验。卫生器具通水试验应给、排水畅通。卫生器具通水试验如条件限制达不到规定流量时必须进行100%满水排泄试验，满水试验水量必须达到器具溢水口处，再进行排放，并检查器具的溢水口通畅能力及排水点的通畅情况，管路设备无堵塞及渗漏现象为合格。分单元、层、段，应单独进行记录。

（5）地漏及地面的清扫口的排水试验。地漏及地面的清扫口的排水试验要单独记录。检查地漏的排水能力和功能的情况，是不是在房间最低处，排水是否通畅，周边是否有渗漏现象。对于初装修的情况，地漏应高出地面15mm，做试验时应往地漏里面灌水，检查其通水情况。分单元、段、层填写记录。详见表6-18。

6.2.16 《吹（冲）洗试验记录》

（1）室内外给水（冷、热）、中水及游泳池水系统、采暖、空调、消防管道及设计有要求的管道应在使用前做冲洗试验；介质为气体的管道系统应按有关设计要求及规范规定做吹洗试验。

（2）给水管道系统冲洗试验。

1）冲洗应先从底部干管开始，然后冲洗水平干管、立管、支管。由给水（供水）入口的总阀门前接上临时水源，向系统供水，关闭其他立、支管阀门，只开启干管末端最底层的阀门；启动增压水泵向系统加压，观察出水水质情况（出口处水的颜色、透明度与入口处水的颜色、透明度应基本一致）。

2）出水口处管径截面不得小于被冲洗管截面的60%，即出水口管径只能比冲洗管的管径小一号，流速太小冲洗无力，流速大不便观察。

3）出水口流速，如设计无要求时，应不小于1.5m/s。底层干管冲洗完毕后依次冲洗其他干管、立管、支管，直至系统管道冲洗完毕。立管的冲洗加压泵及临时供水装置应设在立管的顶部，往下冲洗；给水系统支管冲洗应在干管和立管冲洗完毕后进行，临时供水装置和加压泵可设在系统的进户或主立管部位，每个支路末端分别进行放水冲洗。

（3）生活饮用水管道冲洗、消毒后须经有关部门取样检验并出具检测报告，符合国家生活饮用水标准方可使用。

（4）采暖管道冲洗前，应将管道上安装的流量孔板、过滤网、温度计等阻碍污物通过的设施临时拆除，待冲洗合格后再按原样安装好。其冲洗方法和步骤参照给水管道，先进行供水干管和供水主立管的冲洗，然后按照供暖的热水循环水流方向进行系统的冲洗。

（5）蒸汽系统宜用蒸汽吹洗，吹洗前应缓慢升温暖管，恒温1h后再进行吹洗。吹洗后降至环境温度。一般应进行不少于3次的吹洗，直到管内无铁锈、无污物为合格。详见表6-19。

6.2.17 《通球试验记录》

（1）排水水平干管、主立管应进行100%通球试验，并做记录。

（2）通球试验后必须填写《通球试验记录》。凡需进行通球试验而未进行试验的，该分项工程为不合格。

（3）通球试验应在室内排水及卫生器具等全部安装完毕、通水检查合格后进行。

（4）管道试球直径应不小于排水管道管径的2/3，应采用体轻、易击碎的空心球体进行，通球率必须达到100％。

（5）主要试验方法。

1）排水立管应自立管顶部将试球投入，在立管底部引出管的出口处进行检查，通水将试球从出口冲出。

2）横干管及引出管应将试球在检查管管段的始端投入，通水冲至引出管末端排出。室外检查井（结合井）处需加临时网罩，以便将试球截住取出。

（6）通球试验以试球通畅无阻为合格。若试球不通的，要及时清理管道的堵塞物并重新试验，直到合格为止。详见表6-20。

6.2.18　《消火栓试射记录》

（1）室内消火栓系统安装完成后，应按设计要求和《建筑设计防火规范》（GB 50016—2014）及《建筑给水排水及采暖工程施工质量验收规范》（GB 50242—2002）等规定进行消火栓试射试验，并做记录。

（2）室内消火栓试射试验为检验其使用效果，不能逐个试射，故选取有代表性的三处：屋顶层（或水箱间内）试验消火栓和首层取两处消火栓做试射试验，达到设计要求为合格。屋顶试验消火栓试射可测出流量和压力（充实水柱）；首层两处消火栓试射可检验两股充实水柱同时到达消火栓应到达的最远点的能力。

（3）消火栓系统的栓口静压、动压及试验要求必须满足《建筑设计防火规范》（GB 50016—2014）中相关规定。

1）消火栓的水枪充实水柱应通过水力计算确定，且建筑高度不超过100m的高层建筑不应小于10m，建筑高度超过100m的高层建筑不应小于13m。

2）消火栓的栓口的静水压力不应大于0.80MPa，消火栓的栓口的出水压力不应大于0.50MPa。

3）建筑高度不超过100m时，高层建筑最不利点消火栓静水压力不应低于0.07MPa；当建筑高度超过100m时，高层建筑最不利点消火栓静水压力不应低于0.15MPa。

4）对于建筑高度不超过100m的高层建筑。

① 首层的消火栓的试验要求为：消火栓的启泵按钮应灵活有效；消火栓栓口的静压不应大于0.80MPa，出水压力不应大于0.50MPa，消火栓的间距应保证同层任何部位有两个消火栓的水枪充实水柱同时到达；水枪充实水柱不应小于10m。

② 屋顶消火栓的试验要求为：消火栓的启泵按钮应灵活有效；消火栓栓口的静压不应低于0.07MPa，水枪充实水柱不应小于10m。

5）对于建筑高度超过100m的高层建筑。

① 首层的消火栓的试验要求为：消火栓的启泵按钮应灵活有效；消火栓栓口的静压不应大于0.80MPa，出水压力不应大于0.50MPa，消火栓的间距应保证同层任何部位有两个消火栓的水枪充实水柱同时到达；水枪充实水柱不应小于13m。

② 屋顶消火栓的试验要求为：消火栓的启泵按钮应灵活有效；消火栓栓口的静压不应低于 0.15MPa，水枪充实水柱不应小于 13m。

（4）试射消火栓位置：按实际试射部位填写，如屋顶层、首层。

（5）试验前应对“启泵按钮、消火栓组件、栓口安装、栓口水枪型号、卷盘间距、组件”各个项目进行检查，当检查合格时在“合格”方框内划“√”，否则在“不合格”方框内划“√”。

（6）试验记录：应按试验要求，对现场的试验过程进行详细描述。

（7）试验结论：应明确消火栓试射是否符合设计要求、施工规范规定，是否合格。详见表 6-21。

6.2.19 《接地电阻测试记录》

（1）接地电阻测试主要包括设备、系统的防雷接地、保护接地、工作接地、防静电接地以及设计有要求的接地电阻测试，并应附电气接地装置隐检与平面示意图。

（2）测试仪表一般选用 ZC-8 型接地电阻测量仪。测量仪表要在检定有效期内，有校准状态标识。

（3）每年 4～10 月期间进行测试时，应乘以季节系数。

（4）接地电阻应及时进行测试，当利用自然接地体作为接地装置时，应在底板钢筋绑扎完毕后进行测试；当利用人工接地体作为接地装置时，应在回填土之前进行测试；若阻值达不到设计、规范要求时，应补做人工接地极。

（5）《接地电阻测试记录》应由建设（监理）单位及施工单位共同进行检查。

（6）《接地电阻测试记录》填写要点。

1）工程名称：应与规划许可证、设计图中工程名称一致。

2）测试日期：进行接地电阻测试的实际日期。

3）仪表型号：摇表型号，如 ZC-8。

4）天气情况：接地电阻测试时的天气情况，一般应在晴天进行接地电阻测试。

5）气温：进行接地电阻测试时的测试点或处的（室内或室外）空气温度。

6）接地类型：在接地电阻测试记录测试类型栏的“□”内划“√”选择。

7）设计要求：应按设计对本工程接地测试类型、要求电阻值在“□”内划“√”选择。

8）测试结论：是实际测试值，即实测值乘以季节修正系数，就是接地电阻测试结果，并应有明确的结论。

9）签字栏：专业施工单位相关责任人签认齐全后方有效。详见表 6-22。

6.2.20 《绝缘电阻测试记录》

绝缘电阻测试主要包括电气设备和动力、照明线路及其他必须摇测绝缘电阻的测试，配管及管内穿线分项质量验收前和单位工程质量竣工验收前，应分别按系统回路进行测试，不得遗漏。绝缘电阻的检测仪器应在检定有效期内。

《绝缘电阻测试记录》填写要点。

（1）工程名称：应与规划许可证、设计图中工程名称一致。

（2）测试日期：进行接地电阻测试的实际日期。

（3）计量单位：摇测所采用的计量单位，一般为 MΩ。

（4）天气情况：绝缘电阻测试时的天气情况，一般应在晴天进行绝缘电阻测试。

（5）仪表型号：摇表型号，如 ZC-7。

（6）电压：摇表的电压等级，摇表铭牌或合格证上所标电压值，如 500V、1000V、2500V 等。应视被测设备或线缆电压等级的不同选用合适的绝缘电阻测试仪。

（7）环境温度：进行绝缘电阻测试时的测试点或处的（室内或室外）空气温度。

（8）试验内容：层数、路别、名称、编号（填写所测回路在施工图上的编号）。现行规范、标准对电气设备和动力、照明线路等绝缘电阻值的要求如下：

1）照明线路的绝缘电阻值不小于 0.5MΩ，动力线路的绝缘电阻值不小于 1MΩ。

2）低压电线和电缆、线间和线对地间的绝缘电阻值必须大于 0.5MΩ。

3）矿物电缆：用 1000V 兆欧表测试，导线与铜护层之间的绝缘电阻应大于 200MΩ。

4）普通灯具的导电部分对地绝缘电阻值不小于 2MΩ。

5）庭院灯具的导电部分对地绝缘电阻值大于 2MΩ。

6）开关、插座的导电部分对地绝缘电阻值不小于 5MΩ。

7）封闭、插接式母线绝缘电阻值大于 20MΩ。

8）低压母线相间和相对地间的绝缘电阻值大于 0.5MΩ。

9）柜、屏、台、箱、盘间线路的线间和线对地间绝缘电阻值，馈电线路电阻必须大于 0.5MΩ；二次回路必须大于 1MΩ；柜、屏、台、箱、盘间二次回路交流工频耐压试验，当绝缘电阻值大于 10MΩ 时，用 2500V 兆欧表摇测 1min，应无闪络击穿现象；当绝缘电阻值在 1～10MΩ 时，用 1000V 兆欧表摇测 1min，应无闪络击穿现象；直流屏主回路间和线对地间绝缘电阻值应大于 0.5MΩ；柜、屏、台、箱、盘的继电器线圈之间、接点之间及其他部分绝缘电阻一般不应低于 10MΩ；电气装置的交流工频耐压试验电压为 1kV，当绝缘电阻值大于 10MΩ 时，可采用 2500V 兆欧表摇测 1min，应无闪络击穿现象。

10）不间断电源装置间连线的线间、线对地间绝缘电阻值应大于 0.5MΩ；电池组母线对地绝缘电阻值，110V 蓄电池不小于 0.1MΩ，220V 蓄电池不小于 0.2MΩ。

11）电动机、电加热器及电动执行机构绝缘电阻值应大于 0.5MΩ；100kV 以下的电动机，应测量各相直流电阻值，相互差不应大于最小值的 2%；无中性点引出的电动机，测量线间直流电阻值，相互差不应大于最小值的 1%。

12）低压电动机使用 1kV 兆欧表进行测量，绝缘电阻值不低于 1MΩ。

13）发电机组至低压配电柜馈电线路的相间、相对地间的绝缘电阻值应大于 0.5MΩ；塑料绝缘电缆馈电线路直流耐压试验为 2.4kV，时间 15min，泄露电流稳定，无击穿现象。

14）低压电器绝缘电阻值不低于 1MΩ；潮湿场所，绝缘电阻值不低于 0.5MΩ。

（9）测试结论：填写最小值，大于规范要求，但如果《建筑电气工程施工质量验收规范》（GB 50303—2002）对所进行绝缘电阻测试项目没有要求的，不能简单填写符合《建筑电气工程施工质量验收规范》（GB 50303—2002）的要求，可填写符合设计及规范要求。

（10）签字栏：专业施工单位相关责任人签认齐全后方有效。详见表 6-23。

6.2.21　《电气器具通电安全检查记录》

（1）电气器具通电安全检查是保证照明灯具、开关、插座等能够达到安全使用的重要措施，也是对电气设备调整试验内容的补充。

（2）电气器具安装完成后，按层、按部位（户）进行通电检查，并做记录。内容包括接线情况、电气器具开关情况等。电气器具应全数进行通电安全检查。

（3）电气器具通电安全记录应由施工单位的专业技术负责人、专业质检员、专业工长参加。

（4）《电气器具通电安全检查记录》填写要点。

1）工程名称：应与规划许可证、设计图中工程名称一致。

2）检查日期：进行电气器具通电安全检查的日期。

3）楼门单元或区域场所：指进行器具通电安全检查的电气器具所在的工程部位。

4）层数：检查电气器具所在的层数。

5）检查正确、符合要求时填写"√"，反之则填写"×"。当检查不符合要求时，应进行修复，并在检查结论中说明修复结果。当检查部位为同一楼门单元（或区域场所），检查点很多又是同一天检查时，本表格填不下，可续表格进行填写，但编号应一致。

6）会签栏：专业施工单位相关责任人签认齐全后方有效。详见表6-24。

6.2.22 《电气设备空载试运行记录》

（1）电气设备空载试运行内容。

建筑电气设备安装完毕后应进行耐压及调整试验，主要包括：高压电气装置及其保护系统（如电力变压器、高压开关柜、高压机等），发电机组、低压电气动力设备和低压配电箱（柜）等。

（2）电气设备空载试运行要求。

1）试运行前，相关电气设备和线路应按《建筑电气工程施工质量验收规范》（GB 50303—2002）中规定试验合格。

2）各个系统设备的交接试验记录依据《建筑电气工程施工质量验收规范》（GB 50303—2002）中附录A和附录B的要求进行试验。

3）成套配电（控制）柜、台、箱、盘的运行电压、电流应正常，各种仪表指示正常。

4）电动机应试通电，检查转向和机械转动有无异常情况；可空载试运行的电动机，时间一般为2h，每1h记录一次空载电流，共记录3次，且检查机身和轴承的温升。

5）交流电动机在空载状态下（不投料）可启动次数及间隔时间应符合产品技术条件的要求；连续启动2次的时间间隔不应小于5min，再次启动应在电动机冷却至常温下。空载状态（不投料）运行，应记录电流、电压、温度、运行时间等有关数据，且应符合建筑设备或工艺装置的空载状态运行（不投料）要求。

6）电动执行机构的动作方向及指示，应与工艺装置的设计要求保持一致。

（3）电气设备空载试运行应在相关电气设备和线路试验及各个系统设备的交接试验合格后进行。

（4）电气设备空载试运行应由建设（监理）单位及施工单位共同进行检查。

（5）电气设备空载试运行记录填写要点。

1）工程名称：应与规划许可证、设计图中工程名称一致。

2）试运行项目：填写空载试运行的电气设备名称、设备功率。

3）填写日期：进行空载试运行的实际日期。

4）试运行时间：试运行的启停时间，由××年××月××日××时××分开始至××年××月××日××时××分结束。

5）运行时间：电气设备每次空载运行启停时间，××时××分至××时××分。

6）运行电压（V)、运行电流（A)：电气设备每次空载运行平稳时的各相的电压、电流值。

7）温度（℃)：电气设备每次空载运行时主要工作或关键部件（按设计或有关规范、标准、规程规定或机械工艺装置的空载状态运行的要求）的温度，一般设备轴承温度不超过65℃。

8）试运行情况记录：填写电气设备实际运行状态，线路是否过热、电气设备的运转、温升、噪声等是否正常，电压、电流是否稳定，仪表指示灯是否正常等，并注明合格与否。

9）会签栏：专业施工单位相关责任人签认齐全后方有效。详见表 6-25。

6.2.23　《建筑物照明通电试运行记录》

（1）建筑物照明通电试运行要求。

1）通电试运行前检查。

① 复查总电源开关至各照明回路进线电源开关接线是否正确。

② 照明配电箱及回路标识应正确一致。

③ 检查漏电保护器接线是否正确，严格区分工作零线（N）与专用保护零线（PE)，专用保护零线（PE）严禁接入漏电开关。

④ 检查开关箱内各接线端子连接是否正确可靠。

⑤ 断开各回路分电源开关，合上总进线开关，检查漏电测试按钮是否灵敏有效。

2）分回路试通电。

① 将各回路灯具等用电设备开关全部置于断开位置。

② 逐次合上各分回路电源开关。

③ 分回路逐次合上灯具等的控制开关，检查开关与灯具控制顺序是否对应，风扇的转向及调速开关是否正常。

④ 用试电笔检查各插座相序连接是否正确，带开关插座的开关是否能正确关断相线。

3）故障检查整改。

① 发现问题应及时排除，不得带电作业。

② 对检查中发现的问题应采取分回路隔离排除法予以解决。

③ 对开关一送电漏电保护就跳闸的现象，重点检查工作零线与保护零线足否混接、导线是否绝缘不良。

4）公用建筑照明系统通电连续试运行时间应为 24h，每 2h 记录运行状态 1 次，共记录 13 次；民用住宅照明系统通电连续试运行时间应为 8h，每 2h 记录运行状态 1 次，共记录 5 次；所有照明灯具均应开启，且连续试运行时间内无故障。

（2）建筑物照明通电试运行方法。

1）所有照明灯具均应开启。

2）建筑物照明通电试运行不应分层、分段进行，应按供电系统进行。一般住宅以单元门为单位，工程中的电气分部工程应全部投入试运行。

3）试运行应从总进线柜的总开关开始供电，不应甩掉总进线柜及总开关，而使其性能不能接受考验。

4）建筑物照明通电试运行应在电气器具通电安全检查完后进行，或按有关规定及合同约定要求进行。

(3)《建筑物照明通电试运行记录》应由建设（监理）单位及施工单位共同进行检查。

(4)《建筑物照明通电试运行记录》填写要点。

1）工程名称：应与规划许可证、设计图中工程名称一致。

2）填写日期：通电试运行的实际日期。

3）试运时间：试运行的启停时间，由××日××时××分开始至××日××时××分结束。

4）运行时间：照明系统通电试运行在连续运行期间，每隔 2h 记录运行状态时的时间，××时××分至××时××分。

5）运行电压（V）、运行电流（A）：照明系统通电试运行时，每 2h 记录运行状态时的各相的电压、电流值。

6）温度（℃）：照明系统通电试运行时，每 2h 记录运行状态时的环境温度，××℃。

7）试运行情况记录：填写照明系统实际运行状态，配电控制、开关、计量仪表等是否正常，线路是否过热，电压、电流是否稳定，并注明合格与否。

8）签字栏：专业施工单位相关责任人签认齐全后方有效。详见表 6-26。

6.2.24 《漏电开关模拟试验记录》

(1) 漏电开关模拟试验要求。

依据《建筑电气工程施工质量验收规范》(GB 50303—2002) 中规定动力和照明工程的带有漏电保护装置的回路均要进行漏电开关模拟试验。

(2) 漏电开关模拟试验方法。

1）漏电开关模拟试验应使用漏电开关检测仪，并在检定有效期内。

2）漏电开关模拟试验应 100%检查。

3）测试住宅工程的漏电保护装置动作电流应依据《建筑电气工程施工质量验收规范》(GB 50303—2002) 中第 6.1.9 条第 2 款的数值要求进行；测试其他设备的漏电保护装置动作电流应依据《民用建筑电气设计规范》(JGJ 16—2008) 中第 14.3.11 条的数值要求，且动作时间不大于 0.1s。

(3) 漏电开关模拟试验应由建设（监理）单位及施工单位共同进行检查。

(4) 漏电开关模拟试验记录填写要点。

1）工程名称：应与规划许可证、设计图中工程名称一致。

2）仪表型号：漏电开关模拟试验所使用的仪器型号。

3）试验日期：漏电开关模拟试验的实际日期。

4）安装部位：漏电模拟试验的开关所安装的部位。

5）型号：进行漏电模拟试验的开关型号。

6）设计要求，动作电流（mA）、动作时间（ms）：施工图纸漏电开关所要求的额定动作电流（mA）、动作时间（ms）值。

7）实测情况，动作电流（mA）、动作时间（ms）：漏电开关模拟试验进行测试的动作电流（mA）与动作时间（ms）的实际测试值。

8）测试结论：实际测试的动作电流（mA）与动作时间（ms）的最大值小于设计要求

的动作电流（mA）、动作时间（ms）额定值，并注明合格与否。

9）会签栏：专业施工单位相关责任人签认齐全后方有效。详见表 6-27。

6.2.25　《大容量电气线路结点测温记录》

（1）大容量电气线路结点测温要求。

依据《建筑电气工程施工质量验收规范》（GB 50303—2002）中规定，大容量（630A及以上）导线、母线连接处，在设计计算负荷运行情况下应做温度抽测记录，温升值稳定且不大于设计值。

（2）大容量电气线路结点测温方法。

1）大容量电气线路结点测温应使用远红外摇表测量仪，并在检定有效期内。

2）应对导线或母线连接处温度进行测量，温升值稳定且不大于设计值。

3）设计温度应根据所测材料的种类而定。导线应符合《额定电压 450/750V 及以下聚氯乙烯绝缘电缆》（GB/T 5023.1～5023.7—2008）生产标准的设计温度；电缆应符合《电力工程电缆设计规范》（GB 50217—2007）的设计温度等。

（3）大容量电气线路结点测温应由建设（监理）单位及施工单位共同进行检查。

（4）大容量电气线路结点测温记录填写要点。

1）工程名称：应与规划许可证、设计图中工程名称一致。

2）测试地点：进行结点测温的地点，一般为导线大容量、母线连接处或开关所处的工程部位。

3）测试工具：大容量电气线路结点测温应使用的仪器、仪表等。

4）测试日期：线路结点测温的实际日期。

5）测试回路：大容量（630A 及以上）导线、母线连接处或开关在施工图纸上的回路编号。

6）测试时间：大容量测温选择系统全负荷运行和空载运行时进行测试，时间填写进行测温开始时间即可。

7）电流（A）：指进行结点测温时导线、母线或开关的电流值。

8）设计温度：在设计额定电压、额定电流下，大容量电气线路结点处的额定温度（℃）。

9）测试温度：在设计额定电压、额定电流下，大容量电气线路结点处的实际测量温度（℃），一般分别在用电最高峰和最小时进行测试。

10）测试结论：填写测试温度最大值小于设计温度，并注明合格与否。

11）会签栏：专业施工单位相关责任人签认齐全后方有效。详见表 6-28。

6.2.26　《风管漏光检测记录》

漏光法检测是利用光线对小孔的强穿透力，对系统风管严密程度进行检测的方法。风管系统安装完成后，应按设计要求及规范规定进行风管漏光测试，并做记录。

（1）风管系统分类。

按系统工作压力可分为低压系统、中压系统及高压系统。

（2）工作压力。

填写测试风管段的最大工作压力。

（3）接缝长度。

主要指风管环向接缝（法兰接缝）长度。

（4）系统接缝总长度。

指被检测系统风管段的环向接缝（法兰接缝）长度的总和。

（5）检测光源。

应采用具有一定强度的安全光源，手持移动光源可采用不低于100W带保护罩的低压照明灯，或其他低压光源。在严格安装质量管理的基础上，系统风管的检测以总管和干管为主。

（6）实测漏光抽检数。

低压系统风管的严密性检验应采用抽检，抽检率为5%，且不得少于1个系统。在加工工艺得到保证的前提下，采用漏光法检测。检测不合格时，应按规定的抽检率做漏风量测试。当采用漏光法检测系统的严密性时，低压系统风管以每10m接缝，漏光点不大于2处，且100m接缝平均不大于16处为合格。

（7）系统风管严密性检验。

系统风管严密性检验的被抽检系统，全数合格，则视为通过。如有不合格时，则应再加倍抽检，直至全数合格。

1）中压系统风管的严密性检验，应首先对全部主干风管进行漏光法检测，在漏光法检测合格后，对系统漏风量测试进行抽检。

2）当采用漏光法检测系统的严密性时，中压系统风管以每10m接缝，漏光点不大于1处，且100m接缝平均不大于8处为合格。

3）漏光检测中对发现的条缝形漏光，应做密封处理。

（8）检测结论。

应明确漏光检测是否符合设计要求及施工规范规定，是否合格。详见表6-29。

6.2.27 《风管漏风检测记录》

（1）相关规定及要求。

1）按《通风与空调工程施工质量验收规范》（GB 50243—2002）第4.2.5条及第6.2.8条执行。

2）风管必须通过工艺性的检测或验证，其强度和严密性要求应符合设计或下列规定：

① 风管的强度应能满足在1.5倍工作压力下接缝处无开裂。

② 低压、中压圆形金属风管、复合材料风管以及采用非法兰形式的非金属风管的允许漏风量，应为矩形风管规定值的50%。

③ 砖、混凝土风道的允许漏风量不应大于矩形低压系统风管规定值的1.5倍。

④ 排烟、除尘、低温送风系统按中压系统风管的规定，1～5级净化空调系统按高压系统风管的规定。

3）风管系统安装完毕后，应按系统类别进行严密性检验。风管系统的严密性检验，应符合下列规定：

① 低压系统风管的严密性检验应采用抽检，抽检率为5%，且不得小于1个系统。在加工工艺及安装操作质量得到保证的前提下，采用漏光法检测。检测不合格时，应按规定的抽

检率做漏风量测试。

中压系统风管的严密性检验，应在漏光法检测合格后，对系统漏风量测试进行抽检，抽检率为20%，且不得少于1个系统。

高压系统风管的严密性检验，为全数进行漏风量测试。

系统风管严密性检验的被抽检系统，应全数合格，则视为通过；如有不合格时，则应再加倍抽检，直至全数合格。

② 净化空调系统风管的严密性检验，1～5级的系统按高压系统风管的规定执行；6～9级的系统按本款第2）项的规定执行。

4）漏风量测试。

① 正压或负压系统风管与设备的漏风量测试，分正压试验和负压试验两类。一般可采用正压条件下的测试来检验。

② 系统漏风量测试可以整体或分段进行。测试时，被测系统的所有开口均应封闭，不应漏风。

③ 被测系统的漏风量超过设计和规范的规定时，应查出漏风部位（可用听、摸、观察、水或烟检漏），做好标记；修补完工后，重新测试，直至合格。

④ 漏风量测定值一般应为规定测试压力下的实测数值。特殊条件下，也可用相近或大于规定压力下的测试代替。

5）测试装置。

① 漏风量测试应采用经检验合格的专用测量仪器，或采用符合现行国家标准规定的计量元件搭设的测量装置。

② 漏风量测试装置可采用风管式或风室式。风管式测试装置采用孔板做计量元件；风室式测试装置采用喷嘴做计量元件。

（2）填写要点。

1）检测区图示：应将被测区段系统示意图画出，并标注测试顺序段号。

2）系统总面积：被测本系统的总面积值。

3）试验总面积：实际被测的面积值（系统中未测到的部分，如支管、软管等末端不计算在内）。详见表6-30。

6.2.28　《现场组装除尘器、空调机漏风检测记录》

（1）现场组装的除尘器壳体、组合式空气调节机组在安装完成后，应做漏风量的检测，并做记录。

（2）对于现场组装的除尘器、空调机组，由于加工质量和组装水平的不同，组装后的设备的密封性能存在较大的差异，严重的漏风将影响系统的使用功能。

（3）现场组装的除尘器的漏风量在设计工作压力下允许漏风量为5%，其中离心式除尘器为3%。

（4）现场组装的组合式空气调节机组的漏风量必须符合现行国家标准《组合式空调机组》（GB/T 14294—2008）的规定。

1）漏风率为机组的漏风量与机组的额定风量的比值。

2）抽检数量：按总数抽检20%，不得少于1台；净化空调系统的机组，1～5级全数检查，6～9级抽查50%。

3）漏风率合格标准：机组的静压保持700Pa时，机组的漏风率不大于3%；用于净化空调系统的机组，机组的静压保持1000Pa，洁净度低于1000级时，机组的漏风率不大于2%；洁净度大于等于1000级时，机组的漏风率不大于1%。

（5）测试压力不得小于工作压力。

（6）测试时，被测除尘器、空调机组的所有开口均应封闭，不应漏风。

（7）检测结论：应明确现场组装的除尘器、空调机组漏风检测是否符合设计要求及施工规范规定，是否合格。详见表6-31。

6.2.29 《各房间室内风量、温度测量记录》

（1）通风与空调工程无生产负荷联合试运转时，应分系统的，将同一系统内的各房间内风量、室内房间温度进行测量调整，并做记录。

（2）《各房间室内风量、温度测量记录》的测量及填写说明。

1）各房间内的风量可在风管内或风口处测量。

2）在风口测风量可用风速仪直接测量或用辅助风管法求取风口断面的平均风速，再乘以风口净面积得到风口风量值。风口处的风速如用风速仪测量时，应贴近格栅或网格，平均风速测定可采用匀速移动法或定点测量法等，匀速移动法不应少于3次，定点测量法的测点不应少于5个。

3）所在房间室内温度应填写风口所在房间室内温度，而不是风口处温度。

4）在设计没有规定情况下，房间室内温度测点应选择在人员经常活动的范围或工作面（一般为距内墙表面大于0.5m，离地高度为1～1.5m的平面处）。

5）房间室内温度应符合设计要求及施工规范规定。详见表6-32。

6.2.30 《管网风量平衡记录》

（1）通风与空调工程进行无生产负荷联合试运转时，应分系统的，将同一系统内的各测点的风压、风速、风量进行测试和调整，并做记录。

（2）系统各测点的实际风量与设计风量的相对偏差不应大于10%。

（3）《管网风量平衡记录》是与《各房间室内风量、温度测量记录》配套使用的表格。为配合两个记录表，使其能更清楚地反映填写情况，必须附空调系统各测点调测的单线平面图或透视图，图中应标明系统名称、测点编号、测点位置、风口位置，并注明送风、回风、新风管。

（4）系统风量调整采用流量等比分配法或基准风口法，从系统最不利环路的末端开始，最后进行总风量的调整。

（5）系统风量调整平衡后，应能从表中的数据反映出：

1）风口的风量、新风量、排风量、回风量的实测值与设计风量的相对偏差不大于10%。

2）新风量与回风量之和应近似等于总的送风量或各送风量之和。

3）总的送风量应略大于回风量与排风量之和。详见表6-33。

6.2.31　《空调系统试运转调试记录》

（1）通风与空调工程进行无生产负荷联合试运转及调试时，应对空调系统总风量进行测量调整，并做记录。

（2）《空调系统试运转调试记录》是对《管网风量平衡记录》与《各房间室内风量、温度测量记录》中的测量数据的总结归纳。

（3）风管系统总风量的实测值与设计风量的相对偏差不大于10%，系统调试合格。

（4）调试内容：应详细描述调试过程。详见表6-34。

6.2.32　《空调水系统试运转调试记录》

（1）通风与空调工程进行无生产负荷联合试运转及调试时，应对空调冷（热）水、冷却水总流量、供回水温度进行测量、调整，并做记录。

（2）空调水系统试运转调试的过程，首先要绘制水平衡测试草图，标明各空调设备编号及区域控制平衡阀编号。依据设备供应商提供的设备水量参数，整理出设备设计水流量。依据设计提出的流量分配原则，编制水流量分配表。编制水平衡测试报告，记录设计调试数据。依据水平衡测试草图和测试报告中的设计调试数据进行现场水平衡调试工作。

（3）空调冷（热）水、冷却水总流量的实际流量与设计流量的相对偏差不大于10%，为调试合格。

（4）空调冷（热）水、冷却水进出水温度应符合设计要求及规范规定。

（5）调试内容应详细描述试运转调试过程。详见表6-35。

6.3　职业技能实际训练

训练1　编制《设备单机试运转记录》

表6-2　设备单机试运转记录

<table>
<tr><td rowspan="2">工程名称</td><td colspan="2" rowspan="2"></td><td>编　号</td><td></td></tr>
<tr><td>试运转时间</td><td></td></tr>
<tr><td>设备名称</td><td colspan="2"></td><td>设备编号</td><td></td></tr>
<tr><td>规格型号</td><td colspan="2"></td><td>额定数据</td><td></td></tr>
<tr><td>生产厂家</td><td colspan="2"></td><td>设备所在系统</td><td></td></tr>
<tr><td>序　号</td><td>试验项目</td><td colspan="2">试验记录</td><td>试验结论</td></tr>
<tr><td>1</td><td></td><td colspan="2"></td><td></td></tr>
<tr><td>2</td><td></td><td colspan="2"></td><td></td></tr>
<tr><td>3</td><td></td><td colspan="2"></td><td></td></tr>
<tr><td>4</td><td></td><td colspan="2"></td><td></td></tr>
<tr><td>5</td><td></td><td colspan="2"></td><td></td></tr>
<tr><td>6</td><td></td><td colspan="2"></td><td></td></tr>
<tr><td>7</td><td></td><td colspan="2"></td><td></td></tr>
<tr><td>8</td><td></td><td colspan="2"></td><td></td></tr>
</table>

续表

<table>
<tr><td colspan="6">试运转结论：</td></tr>
<tr><td rowspan="3">签字栏</td><td rowspan="2">施工单位</td><td rowspan="2"></td><td>专业技术负责人</td><td>专业质检员</td><td>专业工长</td></tr>
<tr><td></td><td></td><td></td></tr>
<tr><td>监理/建设单位</td><td colspan="2"></td><td>专业工程师</td><td></td></tr>
</table>

训练 2　编制《系统试运转调试记录》

表 6-3　系统试运转调试记录

<table>
<tr><td rowspan="2">工程名称</td><td rowspan="2" colspan="2"></td><td>编　号</td><td></td></tr>
<tr><td>试运转调试时间</td><td></td></tr>
<tr><td>试运转调试项目</td><td colspan="2"></td><td>试运转调试部位</td><td></td></tr>
<tr><td colspan="5">试运转调试内容：</td></tr>
<tr><td colspan="5">试运转调试结论：</td></tr>
</table>

<table>
<tr><td rowspan="3">签字栏</td><td rowspan="2">施工单位</td><td>专业技术负责人</td><td>专业质检员</td><td colspan="2">专业工长</td></tr>
<tr><td></td><td></td><td colspan="2"></td></tr>
<tr><td>监理/建设单位</td><td colspan="2"></td><td>专业工程师</td><td></td></tr>
</table>

训练 3　编制《地基承载力检验报告》

表 6-4　地基承载力检验报告

承包单位：　　　　　　　　　　　　　　　合同或试样编号：

监理单位：　　　　　　　　　　　　　　　编　号：

工程名称			委托单编号	
委托单位			分项工程	
试验单位			实验者	
试验规程			报告日期	
试样描述			实验日期	
设计承载力（kPa）		工程部位及桩号		
序　号	锤击深度（cm）	锤击数	承载力（kPa）	备　注
结论：			技术负责人意见： 签　名：	
			实验室盖章：	

训练 4　编制《回填土试验报告》

表 6-5　回填土试验报告

委托单位：　　　　　　　　　　　　　　　　　　试验报告：

工程名称				委托日期	
取样部位				报告日期	
样品状态				试样类别	
试样数量		控制最小干密度		试样数量	
取样编号	取样步次	湿密度（g/cm³）	含水率（%）	干密度（g/cm³）	单个结论
1	第一步				
2	第二步				
3	第三步				
4	第四步				
5	第五步				

续表

取样位置示意图：
依据标准：
检验结论：
备注：见证单位： 见证人：　　　　取样人：
试样单位：　　技术负责人：　　审核：　　试（检）验：

训练5　编制《钢筋连接试验报告》

表6-6　钢筋连接试验报告

委托单位：　　　　　　　　　　　　　　试验编号：

工程名称				委托日期	
使用部位				报告日期	
钢材类型		原材料试验编号		检验类型	
接头类型		代表数量		操作人	
公称直径（mm）	屈服点（MPa）	抗拉强度（MPa）	断口特征及位置	冷弯条件	冷弯结果
依据标准：					
检验结论：					
备注：					
试验单位：　　技术负责人：　　审核：　　试（检）验：					

训练 6　编制《砂浆配合比申请单、通知单》

表 6-7　砂浆配合比申请单

编号：

委托编号：

工程名称					
委托单位				试验委托人	
砂浆种类				强度等级	
水泥品种				厂　别	
水泥进场日期				试验编号	
砂产地		粗细级别		试验编号	
掺合料种类				外加剂种类	
申请日期				要求使用日期	

表 6-8　砂浆配合比通知单

工程名称			委托单位		
配合比编号			试配编号		
砂浆种类			水泥品种		
强度等级			报告日期	年　月　日	
材料名称	配合比				
	水　泥	砂	水	掺合料	外加剂
每 $1m^3$ 用量（kg）					
比例					
注：砂浆稠度为 70～100mm，白灰膏稠度为 120mm					
负责人	审　核		计　算		试　验

训练 7　编制《砂浆抗压强度试验报告》

表 6-9　砂浆抗压强度试验报告

委托单位：________________试验委托人：________________

工程名称：________________部位：________________

砂浆种类：____________强度等级：____________稠度：__________

水泥品种：____________等级：____________厂别：____________

砂产地及种类：__________掺合料种类：__________外加剂种类：________

配合比编号	项目	各种材料用量（kg）					
		水　泥	砂	水	石种类、公称直径	外加剂	掺合料
	每 $1m^3$						
	每盘						

制模日期：__________养护条件：__________要求龄期：__________

要求试验日期：__________试块收到日期：__________试块制作人：__________

<table>
<tr><td rowspan="2">试块编号</td><td rowspan="2">试压日期</td><td rowspan="2">实际龄期（d）</td><td rowspan="2">试块规格（mm）</td><td rowspan="2">受压面积（mm^2）</td><td colspan="2">荷载（kN）</td><td rowspan="2">抗压强度（N/mm^2）</td><td rowspan="2">达到设计强度（%）</td></tr>
<tr><td>单块</td><td>平均</td></tr>
<tr><td rowspan="6"></td><td rowspan="6"></td><td rowspan="6"></td><td rowspan="6"></td><td rowspan="6"></td><td></td><td rowspan="6"></td><td rowspan="6"></td><td rowspan="6"></td></tr>
<tr><td></td></tr>
<tr><td></td></tr>
<tr><td></td></tr>
<tr><td></td></tr>
<tr><td></td></tr>
</table>

负责人：__________审核：__________计算：__________试验：__________

报告日期：　　年　　月　　日

训练 8　编制《砌筑砂浆试块强度统计、评定记录》

表 6-10　砌筑砂浆试块强度统计、评定记录

<table>
<tr><td rowspan="2">工程名称</td><td colspan="7" rowspan="2"></td><td>编　号</td><td></td></tr>
<tr><td>强度等级</td><td></td></tr>
<tr><td>施工单位</td><td colspan="7"></td><td>养护方法</td><td></td></tr>
<tr><td>统计日期</td><td colspan="7"></td><td>结构部位</td><td></td></tr>
<tr><td>试块组数 n</td><td colspan="3">强度标准值 f_2（MPa）</td><td colspan="3">平均值 f_{2m}（MPa）</td><td colspan="2">最小值 f_{2min}（MPa）</td><td>$0.75f_2$</td></tr>
<tr><td></td><td colspan="3"></td><td colspan="3"></td><td colspan="2"></td><td></td></tr>
<tr><td rowspan="7">每组强度值（MPa）</td><td></td><td></td><td></td><td></td><td></td><td></td><td></td><td colspan="2"></td></tr>
<tr><td></td><td></td><td></td><td></td><td></td><td></td><td></td><td colspan="2"></td></tr>
<tr><td></td><td></td><td></td><td></td><td></td><td></td><td></td><td colspan="2"></td></tr>
<tr><td></td><td></td><td></td><td></td><td></td><td></td><td></td><td colspan="2"></td></tr>
<tr><td></td><td></td><td></td><td></td><td></td><td></td><td></td><td colspan="2"></td></tr>
<tr><td></td><td></td><td></td><td></td><td></td><td></td><td></td><td colspan="2"></td></tr>
<tr><td></td><td></td><td></td><td></td><td></td><td></td><td></td><td colspan="2"></td></tr>
<tr><td>判定式</td><td colspan="4">$f_{2m} \geqslant f_2$</td><td colspan="5">$f_{2min} \geqslant 0.75 f_2$</td></tr>
<tr><td>结果</td><td colspan="4"></td><td colspan="5"></td></tr>
<tr><td colspan="10">结论：</td></tr>
<tr><td rowspan="3">签字栏</td><td colspan="3">批　准</td><td colspan="3">审　核</td><td colspan="3">统　计</td></tr>
<tr><td colspan="3"></td><td colspan="3"></td><td colspan="3"></td></tr>
<tr><td colspan="3">报告日期</td><td colspan="6"></td></tr>
</table>

训练 9　编制《混凝土配合比申请单、通知单》

表 6-11　混凝土配合比申请单

工程名称					
施工单位			试验委托人		
委托单位			委托编号		
要求坍落度			设计强度等级		
搅拌方法			振捣方法		
养护方法			试验编号		
水泥品种		生产厂家		试验编号	
砂 产 地		粗细级别		试验编号	
石子产地		最大粒径（mm）		试验编号	
掺合料种类			外加剂种类		
申请日期	年　月　日		要求使用日期	年　月　日	

表 6-12　混凝土配合比通知单

报告日期：

工程名称			委托单位		
配合比编号			试配编号		
水胶比			水灰比		
砂　率			强度等级		
材料名称	配合比				
	水　泥	砂	水	掺合料	外加剂
每 $1m^3$ 用量（kg）					
比　例					
说明：					
负责人	审　核		计　算	试　验	

训练 10　编制《混凝土抗压强度试验报告》

表 6-13　混凝土抗压强度试验报告

单位工程：

验收批名称							混凝土强度等级			
水泥品种及强度等级	配　合　比（重量比）						坍落度（cm）	养护条件	同批混凝土代表数量（m^3）	结构部位
	水	水泥	砂	石子	外加剂	掺合料				
验收组数 n=			合格判定系数			λ_1= λ_2=				

续表

<table>
<tr><td colspan="4">同一验收批强度平均值　$m_{f_{cu}}=$　　　　　　最小值 $f_{cu,min}=$</td></tr>
<tr><td colspan="4">同一验收批强度标准差　$s_{f_{cu}}=$</td></tr>
<tr><td colspan="4">验收批各组试件强度（MPa）</td></tr>
<tr><td colspan="4"></td></tr>
<tr><td>非统计方法评定</td><td>评定条件：
$m_{f_{cu}}\geqslant 1.14f_{cu,k}$
$f_{cu,min}\geqslant 0.95f_{cu,k}$
计算：</td><td>统计方法评定</td><td>评定条件：
$m_{f_{cu}}-\lambda_1 s_{f_{cu}}\geqslant 0.9f_{cu,k}$
$f_{cu,min}\geqslant \lambda_2 f_{cu,k}$
计算：</td></tr>
<tr><td colspan="4">验收评定结论：</td></tr>
</table>

技术负责人：　　　　　　　　质量检查员：　　　　　　　　年　　月　　日

训练 11　编制《混凝土试块强度统计、评定记录》

表 6-14　混凝土试块强度统计、评定记录

<table>
<tr><td rowspan="2">工程名称</td><td colspan="4" rowspan="2"></td><td colspan="2">编　号</td><td colspan="5"></td></tr>
<tr><td colspan="2">强度等级</td><td colspan="5"></td></tr>
<tr><td>施工单位</td><td colspan="4"></td><td colspan="2">养护方法</td><td colspan="5"></td></tr>
<tr><td>统计日期</td><td colspan="4"></td><td colspan="2">结构部位</td><td colspan="5"></td></tr>
<tr><td>试块组数 n</td><td colspan="2">强度标准值
$f_{cu,k}$（MPa）</td><td colspan="2">平均值
$m_{f_{cu}}$（MPa）</td><td colspan="2">标准差
$S_{f_{cu}}$（MPa）</td><td colspan="3">最小值
$f_{cu,min}$（MPa）</td><td colspan="2">合格判定系数</td></tr>
<tr><td></td><td colspan="2"></td><td colspan="2"></td><td colspan="2"></td><td colspan="3"></td><td>N_1</td><td>N_2</td></tr>
<tr><td rowspan="7">每组强度值（MPa）</td><td></td><td></td><td></td><td></td><td></td><td></td><td></td><td></td><td></td><td></td><td></td></tr>
<tr><td></td><td></td><td></td><td></td><td></td><td></td><td></td><td></td><td></td><td></td><td></td></tr>
<tr><td></td><td></td><td></td><td></td><td></td><td></td><td></td><td></td><td></td><td></td><td></td></tr>
<tr><td></td><td></td><td></td><td></td><td></td><td></td><td></td><td></td><td></td><td></td><td></td></tr>
<tr><td></td><td></td><td></td><td></td><td></td><td></td><td></td><td></td><td></td><td></td><td></td></tr>
<tr><td></td><td></td><td></td><td></td><td></td><td></td><td></td><td></td><td></td><td></td><td></td></tr>
<tr><td></td><td></td><td></td><td></td><td></td><td></td><td></td><td></td><td></td><td></td><td></td></tr>
<tr><td rowspan="3">评定方法</td><td colspan="6">统计方法</td><td colspan="5">非统计方法</td></tr>
<tr><td colspan="2">$0.90f_{cu,k}$</td><td colspan="2">$M_{f_{cu}}-N_1\times S_{f_{cu}}$</td><td colspan="2">$N_2\times f_{cu,k}$</td><td colspan="3">$1.15f_{cu,k}$</td><td colspan="2">$0.95f_{cu,k}$</td></tr>
<tr><td colspan="2"></td><td colspan="2"></td><td colspan="2"></td><td colspan="3"></td><td colspan="2"></td></tr>
<tr><td>判定式</td><td colspan="3"></td><td colspan="3"></td><td colspan="3"></td><td colspan="2"></td></tr>
<tr><td>结　果</td><td colspan="3"></td><td colspan="3"></td><td colspan="3"></td><td colspan="2"></td></tr>
<tr><td colspan="12">结论：</td></tr>
</table>

续表

签字栏	批　准	审　核	统　计
	报告日期		

训练 12　编制《混凝土抗渗试验报告》

表 6-15　混凝土抗渗试验报告

委托单位：　　　　　　　　　　合同号：　　　　　　　　　　试验编号：

工程名称		委托（取样）编号	
工程用途		报告日期	
抗渗等级		见 证 人	
成型日期		龄　　期	
养护环境		试件尺寸	
主要设备编号		试验方法	
试　验　结　果			
试件端面渗水部位：（示意图）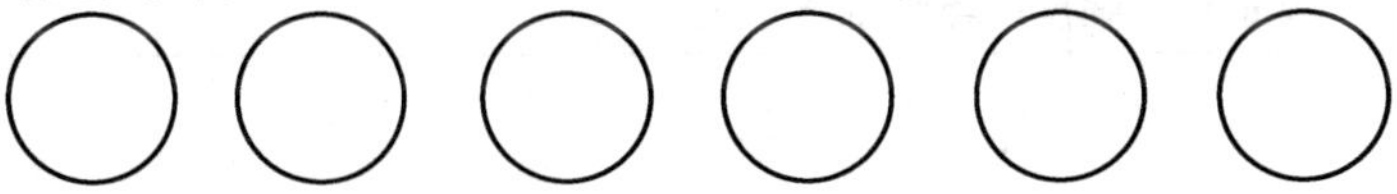 试件解剖渗水高度：（示意图）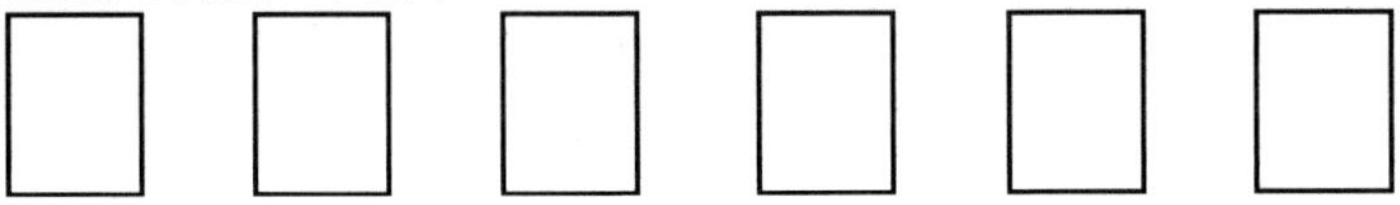			
备　　注			
结　　论			
监理工程师意　　见			

单位（公章）：　　　　负责人：　　　　复核：　　　　试验：

训练 13　编制《灌水、满水试验记录》

表 6-16　灌水、满水试验记录

工程名称		编　号	
		试验日期	
分项工程名称		材质、规格	
试验标准及要求：			

续表

试验部位	灌（满）水情况	灌（满）水时间	液面检查情况	渗漏检查情况

<table>
<tr><td colspan="6">试验结论</td></tr>
<tr><td rowspan="3">签字栏</td><td rowspan="2">施工单位</td><td rowspan="2"></td><td>专业技术负责人</td><td>专业质检员</td><td>专业工长</td></tr>
<tr><td></td><td></td><td></td></tr>
<tr><td>监理/建设单位</td><td colspan="2"></td><td>专业工程师</td><td></td></tr>
</table>

训练 14　编制《强度严密性试验记录》

表 6-17　强度严密性试验记录

<table>
<tr><td colspan="2" rowspan="2">工程名称</td><td rowspan="2"></td><td>编　号</td><td></td></tr>
<tr><td>试验日期</td><td></td></tr>
<tr><td colspan="2">分项工程名称</td><td></td><td>试验部位</td><td></td></tr>
<tr><td colspan="2">材质、规格</td><td></td><td>压力表编号</td><td></td></tr>
<tr><td colspan="5">试验要求：</td></tr>
<tr><td rowspan="10">试验记录</td><td colspan="2">试验介质</td><td colspan="2"></td></tr>
<tr><td colspan="2">试验压力表设置位置</td><td colspan="2"></td></tr>
<tr><td rowspan="4">强度试验</td><td>试验压力（MPa）</td><td colspan="2"></td></tr>
<tr><td>试验持续时间（min）</td><td colspan="2"></td></tr>
<tr><td>试验压力降（MPa）</td><td colspan="2"></td></tr>
<tr><td>渗漏情况</td><td colspan="2"></td></tr>
<tr><td rowspan="4">严密性试验</td><td>试验压力（MPa）</td><td colspan="2"></td></tr>
<tr><td>试验持续时间（min）</td><td colspan="2"></td></tr>
<tr><td>试验压力降（MPa）</td><td colspan="2"></td></tr>
<tr><td>渗漏情况</td><td colspan="2"></td></tr>
<tr><td colspan="5">试验结论：</td></tr>
</table>

<table>
<tr><td rowspan="3">签字栏</td><td rowspan="2">施工单位</td><td rowspan="2"></td><td>专业技术负责人</td><td>专业质检员</td><td>专业工长</td></tr>
<tr><td></td><td></td><td></td></tr>
<tr><td>监理/建设单位</td><td colspan="2"></td><td>专业工程师</td><td></td></tr>
</table>

训练 15　编制《通水试验记录》

表 6-18　通水试验记录

<table>
<tr><td colspan="2" rowspan="2">工程名称</td><td colspan="2" rowspan="2"></td><td>编　号</td><td></td></tr>
<tr><td>试验日期</td><td></td></tr>
<tr><td colspan="2">分项工程名称</td><td colspan="2"></td><td>试验部位</td><td></td></tr>
<tr><td colspan="6">试验系统简述：</td></tr>
<tr><td colspan="6">试验要求：</td></tr>
<tr><td colspan="6">试验记录：</td></tr>
<tr><td colspan="6">试验结论：</td></tr>
<tr><td rowspan="3">签字栏</td><td rowspan="2">施工单位</td><td rowspan="2"></td><td>专业技术负责人</td><td>专业质检员</td><td>专业工长</td></tr>
<tr><td></td><td></td><td></td></tr>
<tr><td>监理/建设单位</td><td colspan="2"></td><td>专业工程师</td><td></td></tr>
</table>

训练 16　编制《冲（吹）洗试验记录》

表 6-19　冲（吹）洗试验记录

<table>
<tr><td rowspan="2">工程名称</td><td rowspan="2"></td><td>编　号</td><td></td></tr>
<tr><td>试验日期</td><td></td></tr>
<tr><td>分项工程名称</td><td></td><td>试验部位</td><td></td></tr>
<tr><td colspan="4">试验要求：</td></tr>
</table>

续表

<table>
<tr><td colspan="7">试验记录：</td></tr>
<tr><td colspan="7">试验结论：</td></tr>
<tr><td rowspan="3">签字栏</td><td rowspan="2">施工单位</td><td rowspan="2"></td><td>专业技术负责人</td><td>专业质检员</td><td>专业工长</td></tr>
<tr><td></td><td></td><td></td></tr>
<tr><td>监理/建设单位</td><td colspan="2"></td><td>专业工程师</td><td></td></tr>
</table>

训练 17　编制《通球试验记录》

表 6-20　通球试验记录

编号：

<table>
<tr><td colspan="2">工程名称</td><td colspan="2"></td><td>分部分项工程</td><td colspan="2"></td></tr>
<tr><td colspan="2">试验部位</td><td colspan="2"></td><td>试验日期</td><td colspan="2">年　月　日</td></tr>
<tr><td colspan="2">管径（mm）</td><td colspan="2"></td><td>球径（mm）</td><td colspan="2"></td></tr>
<tr><td colspan="7">试验内容及要求：</td></tr>
<tr><td colspan="7">试验情况：</td></tr>
<tr><td colspan="7">结论：
年　月　日</td></tr>
<tr><td rowspan="3">会签栏</td><td colspan="2">监理（建设）单位（签章）</td><td colspan="4">施工单位（签章）</td></tr>
<tr><td colspan="2" rowspan="2">年　月　日</td><td colspan="2">专业技术负责人</td><td>质检员</td><td>专业工长</td></tr>
<tr><td colspan="2">年　月　日</td><td>年　月　日</td><td>年　月　日</td></tr>
</table>

训练 18　编制《消火栓试射记录》

表 6-21　消火栓试射记录

编号：

<table>
<tr><td colspan="2">工程名称</td><td colspan="2"></td><td>试射日期</td><td colspan="3"></td></tr>
<tr><td colspan="2">试射消火栓位置</td><td colspan="2"></td><td>启泵按钮</td><td colspan="3">□合格　□不合格</td></tr>
<tr><td colspan="2">消火栓组件</td><td colspan="2">□合格　□不合格</td><td>栓口安装</td><td colspan="3">□合格　□不合格</td></tr>
<tr><td colspan="2">栓口水枪型号</td><td colspan="2">□合格　□不合格</td><td>卷盘间距、组件</td><td colspan="3">□合格　□不合格</td></tr>
<tr><td colspan="2">栓口静压（MPa）</td><td colspan="2"></td><td>栓口动压（MPa）</td><td colspan="3"></td></tr>
<tr><td colspan="8">试验要求：</td></tr>
<tr><td colspan="8">试验情况记录：</td></tr>
<tr><td colspan="8">试验结论：
年　月　日</td></tr>
<tr><td rowspan="3">会签栏</td><td colspan="2">监理（建设）单位（签章）</td><td colspan="5">施工单位（签章）</td></tr>
<tr><td colspan="2" rowspan="2">年　月　日</td><td colspan="2">专业技术负责人</td><td colspan="2">质检员</td><td>专业工长</td></tr>
<tr><td colspan="2">年　月　日</td><td colspan="2">年　月　日</td><td>年　月　日</td></tr>
</table>

训练 19　编制《接地电阻测试记录》

表 6-22　接地电阻测试记录

<table>
<tr><td rowspan="2">工程名称</td><td colspan="2" rowspan="2"></td><td colspan="2">编　号</td><td colspan="2"></td></tr>
<tr><td colspan="2">测试日期</td><td colspan="2"></td></tr>
<tr><td>仪表型号</td><td></td><td>天气情况</td><td></td><td>气温</td><td colspan="2"></td></tr>
<tr><td>接地类型</td><td colspan="6">□防雷接地　□计算机接地　□工作接地
□保护接地　□防静电接地　□逻辑接地
□重复接地　□综合接地　□医疗设备接地</td></tr>
<tr><td>设计要求</td><td colspan="6">□≤10　□≤4　□≤1
□≤0.1　□≤0.05</td></tr>
</table>

续表

测试部位：				
测试结论：				
签字栏	施工单位			
	专业技术负责人	专业质检员	专业工长	专业检查人
	监理/建设单位		专业工程师	

训练 20　编制《绝缘电阻测试记录》

表 6-23　绝缘电阻测试记录

工程名称							编　号					
							测试日期					
计量单位							天气情况					
仪表型号						电　压			环境温度			
层数	箱盘编号	回路号	相　间			相对零			相对地			零对地
			L1-L2	L2-L3	L3-L1	L1-N	L2-N	L3-N	L1-PE	L2-PE	L3-PE	N-PE
测试结论：												

签字栏	施工单位			
	专业技术负责人	专业质检员	专业工长	专业检查人
	监理/建设单位		专业工程师	

训练 21　编制《电气器具通电安全检查记录》

表 6-24　电气器具通电安全检查记录

检查日期：　　　　年　　月　　日　　　　　　　编号：

工程名称								分部分项工程						
楼门单元								记录代号						
检查记录	层数													
	户别													
	开关	1												
		2												
		3												
		4												
		5												
	灯具	1												
		2												
		3												
		4												
		5												
	插座	1												
		2												
		3												
		4												
		5												
	地线	1												
		2												
		3												
结论														
会签栏	监理（建设）单位（签章）	施工单位（签章）												
		项目技术负责人			质检员			专业工长			班组长			
	年　月　日	年　月　日			年　月　日			年　月　日			年　月　日			

训练 22 编制《电气设备空载试运行记录》

表 6-25 电气设备空载试运行记录

施工单位：　　　　　　　　　　　　　　　　　　　　　　　　　　　　　编号：

<table>
<tr><td colspan="2">工程名称</td><td colspan="8"></td></tr>
<tr><td colspan="2">分部分项工程</td><td colspan="4"></td><td colspan="2">填写日期</td><td colspan="2">年　月　日</td></tr>
<tr><td colspan="2">试运行项目</td><td colspan="8"></td></tr>
<tr><td colspan="2">试运行时间</td><td colspan="8">自　年　月　日　时　分开始，至　年　月　日　时　分结束</td></tr>
<tr><td rowspan="2">序号</td><td rowspan="2">回路名称</td><td rowspan="2">运行时间</td><td colspan="3">运行电压（V）</td><td colspan="3">运行电流（A）</td><td rowspan="2">温度（℃）</td></tr>
<tr><td>L_1-N
（L_1-L_2）</td><td>L_2-N
（L_2-L_3）</td><td>L_3-N
（L_3-L_1）</td><td>L_1相</td><td>L_2相</td><td>L_3相</td></tr>
<tr><td></td><td></td><td></td><td></td><td></td><td></td><td></td><td></td><td></td><td></td></tr>
<tr><td></td><td></td><td></td><td></td><td></td><td></td><td></td><td></td><td></td><td></td></tr>
<tr><td></td><td></td><td></td><td></td><td></td><td></td><td></td><td></td><td></td><td></td></tr>
<tr><td></td><td></td><td></td><td></td><td></td><td></td><td></td><td></td><td></td><td></td></tr>
<tr><td></td><td></td><td></td><td></td><td></td><td></td><td></td><td></td><td></td><td></td></tr>
<tr><td></td><td></td><td></td><td></td><td></td><td></td><td></td><td></td><td></td><td></td></tr>
<tr><td></td><td></td><td></td><td></td><td></td><td></td><td></td><td></td><td></td><td></td></tr>
<tr><td></td><td></td><td></td><td></td><td></td><td></td><td></td><td></td><td></td><td></td></tr>
<tr><td></td><td></td><td></td><td></td><td></td><td></td><td></td><td></td><td></td><td></td></tr>
<tr><td></td><td></td><td></td><td></td><td></td><td></td><td></td><td></td><td></td><td></td></tr>
<tr><td></td><td></td><td></td><td></td><td></td><td></td><td></td><td></td><td></td><td></td></tr>
<tr><td></td><td></td><td></td><td></td><td></td><td></td><td></td><td></td><td></td><td></td></tr>
<tr><td colspan="10">试运行情况记录及运行结论：

年　月　日</td></tr>
</table>

<table>
<tr><td rowspan="3">会
签
栏</td><td>监理（建设）单位（签章）</td><td colspan="4">施工单位（签章）</td></tr>
<tr><td rowspan="2">

年　月　日</td><td>专业技术负责人</td><td>质检员</td><td>专业工长</td><td>测试人</td></tr>
<tr><td>
年　月　日</td><td>
年　月　日</td><td>
年　月　日</td><td>
年　月　日</td></tr>
</table>

训练 23　编制《建筑物照明通电试运行记录》

表 6-26　建筑物照明通电试运行记录

<table>
<tr><td>工程名称</td><td colspan="4"></td><td colspan="2">编　号</td><td colspan="2"></td></tr>
<tr><td>额定电流</td><td colspan="2"></td><td colspan="2">额定电压</td><td></td><td colspan="2">填写日期</td><td></td></tr>
<tr><td>试运时间</td><td colspan="8">由　　日　　时　　分开始，至　　日　　时　　分结束</td></tr>
<tr><td rowspan="4">运行负荷记录</td><td rowspan="2">运行时间</td><td colspan="3">运行电压（V）</td><td colspan="3">运行电流（A）</td><td rowspan="2">温度（℃）</td></tr>
<tr><td>L_1-N（L_1-L_2）</td><td>L_2-N（L_2-L_3）</td><td>L_3-N（L_3-L_1）</td><td>L_1相</td><td>L_2相</td><td>L_3相</td></tr>
<tr><td></td><td></td><td></td><td></td><td></td><td></td><td></td><td></td></tr>
<tr><td></td><td></td><td></td><td></td><td></td><td></td><td></td><td></td></tr>
<tr><td colspan="9">试运行情况记录：</td></tr>
<tr><td rowspan="3">签字栏</td><td rowspan="2">施工单位</td><td rowspan="2"></td><td>专业技术负责人</td><td>专业质检员</td></tr>
<tr><td></td><td></td></tr>
<tr><td>监理或建设单位</td><td></td><td>专业工程师</td><td></td></tr>
</table>

训练 24　编制《漏电开关模拟试验记录》

表 6-27　漏电开关模拟试验记录

施工单位：　　　　　　　　　　　　　　　　　　　　　　　　编号：

<table>
<tr><td>工程名称</td><td colspan="2"></td><td>分部分项工程</td><td colspan="2"></td></tr>
<tr><td>仪表型号</td><td colspan="2"></td><td>试验日期</td><td colspan="2"></td></tr>
<tr><td rowspan="2">安装部位</td><td rowspan="2">型　号</td><td colspan="2">设计要求</td><td colspan="2">实测情况</td></tr>
<tr><td>动作电流（mA）</td><td>动作时间（ms）</td><td>动作电流（mA）</td><td>动作时间（ms）</td></tr>
<tr><td></td><td></td><td></td><td></td><td></td><td></td></tr>
<tr><td></td><td></td><td></td><td></td><td></td><td></td></tr>
<tr><td></td><td></td><td></td><td></td><td></td><td></td></tr>
<tr><td></td><td></td><td></td><td></td><td></td><td></td></tr>
<tr><td></td><td></td><td></td><td></td><td></td><td></td></tr>
<tr><td></td><td></td><td></td><td></td><td></td><td></td></tr>
<tr><td></td><td></td><td></td><td></td><td></td><td></td></tr>
<tr><td></td><td></td><td></td><td></td><td></td><td></td></tr>
<tr><td colspan="6">测试结论：</td></tr>
</table>

<table>
<tr><td rowspan="3">会签栏</td><td>建设（监理）单位（签章）</td><td colspan="3">施工单位（签章）</td></tr>
<tr><td rowspan="2">年　月　日</td><td>专业技术负责人</td><td>质检员</td><td>专业工长</td></tr>
<tr><td>年　月　日</td><td>年　月　日</td><td>年　月　日</td></tr>
</table>

训练 25　编制《大容量电气线路结点测温记录》

表 6-28　大容量电气线路结点测温记录

施工单位：　　　　　　　　　　　　　　　　　　　　　　　　　　编号：

工程名称			分部分项工程	
测试地点			线路名称	
测试工具			测试日期	
测试回路	测试时间	电流（A）	设计温度（℃）	测试温度（℃）
测试结论：				

会签栏	监理（建设）单位（签章）	施工单位（签章）		
		专业技术负责人	专业质检员	专业工长
	年　月　日	年　月　日	年　月　日	年　月　日

训练 26　编制《风管漏光检测记录》

表 6-29　风管漏光检测记录

编号：

单位工程名称			分部工程名称		
分项工程名称			光源功率		
设计风压（MPa）			检测日期		
施工图号（系统名称）					
实　测　记　录					
部　位	风管缝长（m）	检测结果	部　位	风管缝长（m）	检测结果

续表

检测结果：	
监理（建设）单位： （公章） 监理工程师： （建设单位代表）： 年　月　日	施工单位： 班组长： （公章） 专业施工员： 专业质检员： 年　月　日

训练27　编制《风管漏风检测记录》

表6-30　风管漏风检测记录

编号：

单位工程名称		分部工程名称			
分项工程名称		检测日期			
施工图号（系统名称）		风管级别			
系统总面积（m^2）		试验总面积（m^2）			
试验压力（Pa）		系统测定分段数			
允许单位面积漏风量［m^3/（m^2·h）］		实测单位面积漏风量［m^3/（m^2·h）］			
分　段　实　测　数　值					
序号	分段表面积（m^2）	工作压力（Pa）	试验压力（Pa）	实测漏风量（m^3/h）	
1					
2					
检测区图示：					
检测结果：					
监理（建设）单位： （公章） 监理工程师： （建设单位代表）： 年　月　日		施工单位： 班组长： （公章） 专业施工员： 专业质检员： 年　月　日			

训练 28　编制《现场组装除尘器、空调机漏风检测记录》

表 6-31　现场组装除尘器、空调机漏风检测记录

编号：

<table>
<tr><td colspan="2">工程名称</td><td colspan="2"></td><td colspan="2">施工单位</td><td></td></tr>
<tr><td colspan="2">分项（分部）工程</td><td colspan="2"></td><td colspan="2">检测日期</td><td></td></tr>
<tr><td colspan="2">设备名称</td><td colspan="2"></td><td colspan="2">型　号　规　格</td><td></td></tr>
<tr><td colspan="2">额定风量（m³/h）</td><td colspan="2"></td><td colspan="2">允许漏风率（%）</td><td></td></tr>
<tr><td colspan="2">工作压力（Pa）</td><td colspan="2"></td><td colspan="2">测试压力（Pa）</td><td></td></tr>
<tr><td colspan="2">允许漏风量（m³/h）</td><td colspan="2"></td><td colspan="2">实测漏风量（m³/h）</td><td></td></tr>
<tr><td colspan="7">检测记录</td></tr>
<tr><td>结论</td><td colspan="6">年　月　日</td></tr>
<tr><td rowspan="3">会签栏</td><td colspan="2">监理（建设）单位（签章）</td><td colspan="4">施工单位（签章）</td></tr>
<tr><td colspan="2" rowspan="2">年　月　日</td><td>专业技术负责人</td><td>质检员</td><td>专业工长</td><td>测试人</td></tr>
<tr><td>年　月　日</td><td>年　月　日</td><td>年　月　日</td><td>年　月　日</td></tr>
</table>

训练 29　编制《各房间室内风量、温度测量记录》

表 6-32　各房间室内风量、温度测量记录

施工单位：　　　　　　　　　　　　　　　　　　　　　　　　　　　编号：

<table>
<tr><td colspan="2">工程名称</td><td colspan="2"></td><td>系统名称</td><td colspan="2"></td></tr>
<tr><td colspan="2">分项工程</td><td colspan="2"></td><td>系统部位</td><td colspan="2"></td></tr>
<tr><td colspan="2" rowspan="2">项目
房间（测点）编号</td><td colspan="3">风量（m^3/h）</td><td rowspan="2">温　度</td><td rowspan="2">相对湿度</td></tr>
<tr><td>实　际
（$L_{实}$）</td><td>设　计
（$L_{设}$）</td><td>相对差</td></tr>
<tr><td colspan="2"></td><td></td><td></td><td></td><td></td><td></td></tr>
<tr><td colspan="2"></td><td></td><td></td><td></td><td></td><td></td></tr>
<tr><td colspan="2"></td><td></td><td></td><td></td><td></td><td></td></tr>
<tr><td colspan="2"></td><td></td><td></td><td></td><td></td><td></td></tr>
<tr><td colspan="2"></td><td></td><td></td><td></td><td></td><td></td></tr>
<tr><td colspan="2"></td><td></td><td></td><td></td><td></td><td></td></tr>
<tr><td colspan="2"></td><td></td><td></td><td></td><td></td><td></td></tr>
<tr><td colspan="2"></td><td></td><td></td><td></td><td></td><td></td></tr>
<tr><td colspan="2"></td><td></td><td></td><td></td><td></td><td></td></tr>
<tr><td>备注</td><td colspan="6">年　月　日</td></tr>
</table>

<table>
<tr><td rowspan="3">会签栏</td><td>监理（建设）单位</td><td colspan="4">施工单位</td></tr>
<tr><td rowspan="2">年　月　日</td><td>专业技术负责人</td><td>质检员</td><td>专业工长</td><td>测试人</td></tr>
<tr><td>年　月　日</td><td>年　月　日</td><td>年　月　日</td><td>年　月　日</td></tr>
</table>

训练30 编制《管网风量平衡记录》

表6-33 管网风量平衡记录

施工单位：　　　　　　　　　　　　　　　　　　　　　　　　编号：

<table>
<tr><td colspan="2">工程名称</td><td colspan="3"></td><td colspan="2">系统名称</td><td colspan="4"></td></tr>
<tr><td colspan="2">分项（分部）工程</td><td colspan="3"></td><td colspan="2">系统位置</td><td colspan="2"></td><td>日　期</td><td></td></tr>
<tr><td rowspan="2">测点编号</td><td rowspan="2">风管尺寸（m）</td><td rowspan="2">断面积（m²）</td><td colspan="3">平均风压（Pa）</td><td rowspan="2">风速（m/s）</td><td colspan="2">风量（m³/h）</td><td rowspan="2">相对差</td><td rowspan="2">使用仪器及编号</td></tr>
<tr><td>动压</td><td>静压</td><td>全压</td><td>实际（$L_{实}$）</td><td>设计（$L_{设}$）</td></tr>
<tr><td></td><td></td><td></td><td></td><td></td><td></td><td></td><td></td><td></td><td></td><td></td></tr>
<tr><td></td><td></td><td></td><td></td><td></td><td></td><td></td><td></td><td></td><td></td><td></td></tr>
<tr><td></td><td></td><td></td><td></td><td></td><td></td><td></td><td></td><td></td><td></td><td></td></tr>
<tr><td></td><td></td><td></td><td></td><td></td><td></td><td></td><td></td><td></td><td></td><td></td></tr>
<tr><td></td><td></td><td></td><td></td><td></td><td></td><td></td><td></td><td></td><td></td><td></td></tr>
<tr><td></td><td></td><td></td><td></td><td></td><td></td><td></td><td></td><td></td><td></td><td></td></tr>
<tr><td></td><td></td><td></td><td></td><td></td><td></td><td></td><td></td><td></td><td></td><td></td></tr>
<tr><td></td><td></td><td></td><td></td><td></td><td></td><td></td><td></td><td></td><td></td><td></td></tr>
<tr><td></td><td></td><td></td><td></td><td></td><td></td><td></td><td></td><td></td><td></td><td></td></tr>
<tr><td></td><td></td><td></td><td></td><td></td><td></td><td></td><td></td><td></td><td></td><td></td></tr>
<tr><td>备注</td><td colspan="10">年　月　日</td></tr>
<tr><td rowspan="3">会签栏</td><td colspan="2">监理（建设）单位</td><td colspan="8">施工单位</td></tr>
<tr><td colspan="2" rowspan="2">年　月　日</td><td colspan="2">专业技术负责人</td><td colspan="2">质检员</td><td colspan="2">专业工长</td><td colspan="2">测试人</td></tr>
<tr><td colspan="2">年　月　日</td><td colspan="2">年　月　日</td><td colspan="2">年　月　日</td><td colspan="2">年　月　日</td></tr>
</table>

训练31 编制《空调系统试运转调试记录》

表6-34 空调系统试运转调试记录

施工单位：　　　　　　　试验日期：　年　月　日　　　　　　　编号：

工程名称		分项（分部）工程	
系统名称		系统位置	
设计总风量	（m³/h）	实测总风量	（m³/h）
风机全压	（Pa）	实测风机全压	（Pa）

续表

<table>
<tr><td colspan="6">运行调试内容：</td></tr>
<tr><td colspan="6">结论：

年　月　日</td></tr>
<tr><td rowspan="3">会签栏</td><td rowspan="2">监理（建设）单位（签章）</td><td colspan="4">施工单位（签章）</td></tr>
<tr><td>专业技术负责人</td><td>质检员</td><td>专业工长</td><td>测试人</td></tr>
<tr><td>年　月　日</td><td>年　月　日</td><td>年　月　日</td><td>年　月　日</td><td>年　月　日</td></tr>
</table>

训练32　编制《空调水系统试运转调试记录》

表6-35　空调水系统试运转调试记录

施工单位：　　　　　　　　　　　　　　　　　　　　　　　　编号：

<table>
<tr><td>工程名称</td><td></td><td>运转调试日期</td><td></td></tr>
<tr><td>设计空调冷（热）水
总流量（$Q_{设}$）/（m^3/h）</td><td></td><td rowspan="2">相对差</td><td rowspan="2"></td></tr>
<tr><td>实际空调冷（热）水
总流量（$Q_{实}$）/（m^3/h）</td><td></td></tr>
<tr><td>空调冷（热）水
供水温度/（℃）</td><td></td><td>空调冷（热）水
回水温度（℃）</td><td></td></tr>
<tr><td>设计冷却水总流量
（$Q_{设}$）/（m^3/h）</td><td></td><td rowspan="2">相对差</td><td rowspan="2"></td></tr>
<tr><td>实际冷却水总流量
（$Q_{实}$）/（m^3/h）</td><td></td></tr>
<tr><td>冷却水供水温度（℃）</td><td></td><td>冷却水回水温度（℃）</td><td></td></tr>
<tr><td colspan="4">运转调试内容：</td></tr>
</table>

续表

<table>
<tr><td colspan="6">结论：

年　月　日</td></tr>
<tr><td rowspan="3">会签栏</td><td rowspan="2">监理（建设）单位（签章）</td><td colspan="4">施工单位（签章）</td></tr>
<tr><td>专业技术负责人</td><td>质检员</td><td>专业工长</td><td>测试员</td></tr>
<tr><td>年　月　日</td><td>年　月　日</td><td>年　月　日</td><td>年　月　日</td><td>年　月　日</td></tr>
</table>

工作任务7　编制施工质量验收文件

7.1　施工质量验收记录时限要求及签认权限

施工质量验收记录时限要求及签认权限见表7-1。

表7-1　施工质量验收记录时限要求及签认权限

序号	工程资料名称	完成或提交时限	主要签认责任	责任单位或部门
1	结构实体混凝土强度验收记录	地基、主体分部工程验收前提交	项目技术负责人	项目质量部
2	结构实体钢筋保护层厚度验收记录	地基、主体分部工程验收前提交	项目技术负责人	项目质量部
3	钢筋保护层厚度试验报告	分部工程验收前提交	试检验单位	有资质的试验部门提供，试验员收集
4	检验批质量验收记录表	随施工同步完成，按周、月提交1次	质量、专业工长	项目质量部
5	分项工程质量验收记录表	分项工程验收前3d提交（混凝土除外）	项目技术负责人	项目质量部
6	分部（子分部）工程验收记录表	分项工程验收前3d提交（混凝土除外）	项目经理	项目质量部

7.2　施工质量验收记录相关规定及要求

7.2.1　《结构实体混凝土强度验收记录》

（1）表7-2中某一强度等级对应的试件强度代表值，上一行填写根据《混凝土强度检验评定标准》（GB/T 50107—2010）确定的数值，下一行填写乘以折算系数后的值。

（2）本表应附以下附件：

1）同条件养护方式件的取样部位应由监理（建设）单位、施工单位共同选定，有相应文字记录；

2）混凝土结构工程的各混凝土强度等级均应留置同条件养护方式件，养护方法应符合《混凝土结构工程施工质量验收规范》（GB 50204—2015）中的规定，有相应文字记录；

3）如采用温度—时间累计（600℃·d）确定同条件混凝土试件等效养护龄期的，应有相应温度测量记录；

4）同条件试件取样应实行有见证取样和送检，有相应混凝土抗压强度报告。

7.2.2 《结构实体钢筋保护层厚度验收记录》、《钢筋保护层厚度试验报告》

（1）钢筋混凝土保护层厚度测定由当地建设行政主管部门委托具有相应资质的试验单位进行测定，并出具检测报告。

（2）钢筋保护层厚度检验的结构部位和构件数量，应符合下列要求。

1）钢筋保护层厚度检验的结构部位，应由监理（建设）单位、施工单位等各方根据结构构件的重要性共同选定。

2）对梁类、板类构件，应各抽取构件数量的2%且不少于5个构件进行检验；当有悬挑构件时，抽取的构件中悬挑梁类、板类构件所占比例均不宜小于50%。

（3）对选定的梁类构件，应对全部纵向受力钢筋的保护层厚度进行检验；对选定的板类构件，应抽取不少于6根纵向受力钢筋的保护层厚度进行检验。对每根钢筋，应在有代表性的部位测量1点。

（4）钢筋保护层厚度的检验，可采用非破损或局部破损的方法，也可采用非破损方法并用局部破损方法进行校准。当采用非破损方法检验时，所使用的检测仪器应经过计量检验，检测操作应符合相应规程的规定。

钢筋保护层厚度检验的检测误差不应大于1mm。

（5）钢筋保护层厚度检验时，纵向受力钢筋保护层厚度的允许偏差，对梁类构件为＋10mm，－7mm；对板类构件为＋8mm，－5mm。

（6）对梁类、板类构件纵向受力钢筋的保护层厚度应分别进行验收。

结构实体钢筋保护层厚度验收合格应符合下列规定。

1）当全部钢筋保护层厚度检验的合格点率为90%及以上时，钢筋保护层厚度的检验结果应判为合格。

2）当全部钢筋保护层厚度检验的合格点率小于90%但不小于80%，可再抽取相同数量的构件进行检验；当按两次抽样总和计算的合格点率为90%及以上时，钢筋保护层厚度的检验结果仍应判为合格。

3）每次抽样检验结果中不合格点的最大偏差均不应大于第（5）条规定允许偏差的1.5倍。详见表7-3、表7-4。

7.2.3 《检验批质量验收记录表》

（1）检验批质量验收的程序和组织。

检验批施工完成，施工单位自检合格后，应由项目专业质量检查员填报《检验批质量验收记录表》。按照国家质量验收规范的规定，检验批质量验收应由监理工程师（建设单位项目专业技术负责人）组织项目专业质量检查员等进行验收并签认。

（2）《检验批质量验收记录表》的填写要求。

1）《检验批质量验收记录表》的编号。

《检验批质量验收记录表》的编号按全部施工质量验收规范系列的分部工程、子分部工程、分项工程的代码和资料顺序号统一为9位数的数码编号，写在表的右上角，前6位数字均印在表上，后留3个“□”，检查验收时填写检验批的顺序号。其编号规则具体说明如下：

① 第1、2位数字是分部工程的代码。

② 第3、4位数字是子分部工程的代码。

③ 第5、6位数字是分项工程的代码。

④ 第7、8、9位数字是各分项工程检验批验收的顺序号。

2）表头的填写。

① 单位（子单位）工程名称按合同文件上的单位工程名称填写，子单位工程标出该部分的位置。

② 分部（子分部）工程名称按规范划定的分部（子分部）名称填写。

③ 验收部位是指一个分项工程中验收的那个检验批的抽样范围，要按实际情况标注清楚。

④《检验批验收记录表》中，施工执行标准名称及编号应填写施工所执行的工艺标准的名称及编号，例如，可以填写所采用的企业标准、地方标准、行业标准或国家标准；如果未采用上述标准，也可填写实际采用的施工技术方案等依据，填写时要将标准名称及编号填写齐全，此栏不应填写验收标准。

⑤ 表格中工程参数等应按实填写，施工单位、分包单位名称宜写全称，并与合同上的公章名称一致，并应注意各表格填写的名称应相互一致；项目经理应填写合同中指定的项目负责人，分包单位的项目经理也应是合同中指定的项目负责人，表头签字处不需要本人签字，由填表人填写即可，只是标明具体的负责人。

3）“施工质量验收规范的规定”栏制表时按4种情况印制。

① 直接写入：将规范主控项目、一般项目的要求写入。

② 简化描述：将质量要求作简化描述，作为检查提示。

③ 写入条文号：当文字较多时，只将条文号写入。

④ 写入允许偏差：对定量要求，将允许偏差直接写入。

4）填写“施工单位检查评定记录”栏，应遵守下列要求。

① 对定量检查项目，当检查点少时，可直接在表中填写检查数据；当检查点数较多填写不下时，可以在表中填写综合结论，如“共检查20处，平均4mm，最大7mm”、“共检查36处，全部合格”等字样，此时应将原始检查记录附在表后。

② 对定性类检查项目，可填写“符合要求”或用符号表示，划“√”或划“×”。

③ 对既有定性又有定量的项目，当各个子项目质量均符合规范规定时，可填写“符合要求”或划“√”，不符合要求时划“×”。

④ 无此项内容时划“/”来标注。

⑤ 在一般项目中，规范对合格点百分率有要求的项目，也可填写达到要求的检查点的百分率。

⑥ 对混凝土、砂浆强度等级，可先填报告份数和编号，待试件养护至28d试压后，再对检验批进行判定和验收，应将试验报告附在验收表后。

⑦ 主控项目不得出现“×”，当出现划“×”时，应进行返工修理，使之达到合格；一般项目不得出现超过20%的检查点划“×”，否则应进行返工修理。

⑧ 有数据的项目，将实际测量的数值填入表格内，超过企业标准但未超过国家验收规

范的数字用“○”将其圈住；对超过国家验收规范的数字用“△”圈住。

⑨ 当采用计算机管理时，可以均采用划“√”或划“×”来标注。

“施工单位检查评定记录”栏应由质量检查员填写。填写内容：可为“合格”或“符合要求”，也可为“检查工程主控项目、一般项目均符合《××××质量验收规范》(GB ××××－××××）的要求，评定合格”等。质量检查员代表企业逐项检查评定合格后，应如实填表并签字，然后交监理工程师或建设单位项目专业技术负责人验收。

5）检验批检查验收时，一般项目中检查点的合格率，应符合各专业工程施工质量验收规范的规定。其主要原则是：

① 主控项目，应该全部达到规范要求。

② 一般项目，无论是定性还是定量要求，应有80％以上检查点达到规范要求，其余20％的检查点应按各专业工程施工质量验收规范的规定执行。

各专业工程施工质量验收规范中判定一般项目合格的规定大致如下：

属于定量要求的，实际偏差最大不能超过允许偏差的1.5倍。但有些项目例外，如混凝土结构的钢筋保护层厚度，检查点合格率应为90％以上；对钢结构，实际偏差最大不能超过允许偏差的1.2倍。

属于定性要求的，应有80％以上的检查点达到规范规定。其余检查点按各专业工程施工质量验收规范的规定执行，通常规定不能有影响性能的严重缺陷。

6）“监理（建设）单位验收记录”栏。

通常在验收前，监理人员应采用平行、旁站或巡回等方法进行监理，对施工质量抽查，对重要项目作见证检测，对新开工程、首件产品或样板间等进行全面检查，以全面了解所监理工程的质量水平、质量控制措施是否有效及实际执行情况，做到心中有数。

在检验批验收时，监理工程师应与施工单位质量检查员共同检查验收。监理人员应对主控项目、一般项目按照施工质量验收规范的规定逐项抽查验收。应注意：监理工程师应该独立得出是否符合要求的结论，并对得出的验收结论承担责任。对不符合施工质量验收规范规定的项目，暂不填写，待处理后再验收，但应做出标记。

7）“监理（建设）单位验收结论”栏。

应由专业监理工程师或建设单位项目专业技术负责人填写。

填写前，应对“主控项目”、“一般项目”按照施工质量验收规范的规定逐项抽查验收，独立得出验收结论。认为验收合格，应签注“同意施工单位评定结果，验收合格”。

如果检验批中含有混凝土、砂浆试件强度验收等内容，应待试验报告出来后再作判定。详见表7-5。

7.2.4 《分项工程质量验收记录表》

(1) 分项工程质量验收程序和组织。

1）分项工程完成（即分项工程所包含的检验批均已完工），施工单位自检合格后，应填报《分项工程质量验收记录表》和《分项/分部工程施工报验表》。

2）分项工程质量验收由监理工程师（建设单位项目专业技术负责人）组织项目专业技术负责人等进行验收并签认。

(2)《分项工程质量验收记录表》填写要求。

1）填写要点。

① 除填写表中基本参数外，首先应填写各检验批的名称、部位、区段等，注意要填写齐全。

② 表中部“施工单位检查评定”栏，由施工单位质量检查员填写，可以划“√”或填写“符合要求，验收合格”。

③ 表中部右边“监理单位验收结论”栏，专业工程监理工程师应逐项审查，同意项填写“合格”或“符合要求”，如有不同意项应做标记但暂不填写，待处理后再验收；对不同意项，监理工程师应指出问题，明确处理意见和完成时间。

④ 表下部“检查结论”栏，由施工单位项目技术负责人填写，可填“合格”，然后交监理单位验收。

⑤ 表下部“验收结论”栏，由监理工程师填写，在确认各项验收合格后，填入“验收合格”。

2）注意事项。

① 核对检验批的部位、区段是否全部覆盖分项工程的范围，有无遗漏的部位。

② 一些在检验批中无法检验的项目，在分项工程中直接验收，如有混凝土、砂浆强度要求的检验批，到龄期后看试压结果能否达到设计要求。

③ 检查各检验批的验收资料是否完整并作统一整理，依次登记保管，为下一步验收打下基础。详见表 7-6。

7.2.5　《分部（子分部）工程质量验收记录表》

(1) 分部（子分部）工程质量验收程序和组织。

1）分部（子分部）工程完成，施工单位自检合格后，应填报《分部（子分部）工程质量验收记录表》。

2）分部（子分部）工程应由总监理工程师或建设单位项目负责人组织有关设计单位及施工单位项目负责人和技术质量负责人等共同验收并签认。

3）地基基础、主体结构分部工程完工，施工项目部应先行组织自检，合格后填写《分部（子分部）工程质量验收记录表》，报请施工企业的技术、质量部门验收并签认后，由建设、监理、勘察、设计和施工单位共同进行分部工程验收，并报建设工程质量监督机构。

(2)《分部（子分部）工程质量验收记录表》填写要求。

1）填写要点。

① 表名前应填写分部（子分部）工程的名称，然后将“分部”、“子分部”两者划掉其一。

② 工程名称、施工单位要填写全称，并与检验批、分项工程验收表的工程名称一致。

③ 结构类型填写设计文件提供的结构类型，层数应分别注明地下和地上的层数。

④ 技术、质量部门负责人是指项目的技术、质量负责人，但地基基础、主体结构及重要安装分部（子分部）工程应填写施工单位的技术、质量部门负责人。

⑤ 有分包单位时填写分包单位名称，分包单位要写全称，与合同或图章一致。分包单位负责人及分包技术负责人，填写本项目的项目负责人及项目技术负责人；按规定地基基

础、主体结构不准分包，因此不应有分包单位。

⑥“（分项）工程名称”栏先由施工单位按顺序将分项工程名称填入，将各分项工程检验批的实际数量填入，注意应与各分项工程验收表上的检验批数量相同，并要将各分项工程验收表附后。

⑦“施工单位检查评定”栏填写施工单位对各分项工程自行检查评定的结果，可按照各分项工程验收表填写，合格的分项工程划“√”或填写“符合要求”，填写之前，应核查各分项工程是否全部都通过了验收，有无遗漏。

注意：有龄期要求的试件应检查 28d 试压是否达到要求，有全高垂直度或总标高要求的检验项目应实际进行测量检查；当自检符合要求时划“√”，否则划“×”。有“×”的项目不能交给监理或建设单位验收，应返修合格后再提交验收，监理单位由总监理工程师组织审查，符合要求的在“验收意见”栏签注“验收合格”。

⑧“质量控制资料”栏应按《单位（子单位）工程质量控制资料核查记录》来核查，但是各专业只需要检查该表内对应于本专业的那部分相关内容，不需要全部检查表内所列内容，也未要求在分部工程验收时填写该表。

核查时，应对资料逐项核对检查，应核查下列几项。

a. 查资料是否齐全，有无遗漏。

b. 查资料的内容有无不合格项。

c. 查资料横向是否相互协调一致，有无矛盾。

d. 查资料的分类整理是否符合要求，案卷目录、份数、页数及装订等有无缺漏。

e. 查各项资料签字是否齐全。

当确认能够基本反映工程质量情况，达到保证结构安全和使用功能的要求，该项即可通过验收。全部项目都通过验收，即可在“施工单位检查评定”栏内划“√”或标注“检查合格”，然后送监理单位或建设单位验收，监理单位总监理工程师组织审查，如认为符合要求，则在“验收意见”栏内签注“验收合格”意见。

对一个具体工程，是按分部还是按子分部进行资料验收，需要根据具体工程的情况自行确定。

⑨“安全和功能检验（检测）报告”栏应根据工程实际情况填写。

安全和功能检验，是指按规定或约定需要在竣工时进行抽样检测的项目。这些项目凡能在分部（子分部）工程验收时进行检测的，应在分部（子分部）工程验收时进行检测。具体检测项目可按《单位（子单位）工程安全和功能检验资料核查及主要功能抽查记录》中相关内容在开工之前加以确定。设计有要求或合同有约定的，按要求或约定执行。

在核查时，要检查开工之前确定的检测项目是否全部进行了检测。要逐一对每份检测报告进行核查，主要核查每个检测项目的检测方法、程序是否符合有关标准规定；检测结论是否达到规范的要求；检测报告的审批程序及签字是否完整等。

如果每个检测项目都通过审查，施工单位即可在检查评定栏内划“√”或标注“检查合格”。由项目经理送监理单位或建设单位验收，监理单位总监理工程师或建设单位项目技术负责人组织审查，认为符合要求后，在“验收意见”栏内签注“验收合格”意见。

⑩“观感质量验收”栏的填写应符合工程的实际情况。

新版验收规范对观感质量的评判有较大修改，现在只作定性评判，不再作量化打分。观感质量等级分为“好”、“一般”、“差”3档。“好”、“一般”均为合格，“差”为不合格，需要修理或返工。

观感质量检查的主要方法是观察，但除了检查外观外，还应对能启动、运转或打开的部位进行启动或打开检查，并注意应尽量做到全面检查，对屋面、地下室及各类有代表性的房间、部位都应查到。

观感质量检查首先由施工单位项目经理组织施工单位人员进行现场检查，检查合格后填表，由项目经理签字后交监理单位验收。

监理单位总监理工程师或建设单位项目专业负责人组织对观感质量进行验收，并确定观感质量等级。认为达到“好”或“一般”，均视为合格。在“观感质量验收”栏内填写“验收合格”。评为“差”的项目，应由施工单位修理或返工。如确实无法修理，可经协商实行让步验收，并在验收表中注明。由于“让步验收”意味着工程留下永久性缺陷，故应尽量避免出现这种情况。

关于“验收结论”栏由总监理工程师与各方协商，确认符合规定，取得一致意见后，按表中各栏分项填写。可在“验收结论”各栏填入“验收合格”。

当出现意见不一致时，应由总监理工程师与各方协商，对存在的问题，提出处理意见或解决办法，待问题解决后再填表。

⑪《分部（子分部）工程质量验收记录表》中，制表时已经列出了需要签字的参加工程建设的有关单位，应由各方参加验收的代表亲自签名，以示负责。通常《分部（子分部）工程质量验收记录表》不需盖章。勘察单位需签认地基基础、主体结构分部工程，由勘察单位的项目负责人亲自签认。

设计单位需签认地基基础、主体结构及重要安装分部（子分部）工程，由设计单位的项目负责人亲自签认。

施工方总承包单位由项目经理亲自签认，有分包单位的，分包单位应签认其分包的分部（子分部）工程，由分包项目经理亲自签认。

监理单位作为验收方，由总监理工程师签认验收。未委托监理的工程，可由建设单位项目技术负责人签认验收。

2）注意事项。

① 核查各分部（子分部）工程所含分项工程是否齐全，有无遗漏。

② 核查质量控制资料是否完整，分类整理是否符合要求。

③ 核查安全、功能的检测是否按规范、设计、合同要求全部完成，未作的应补作，核查检测结论是否合格。

④ 对分部（子分部）工程应进行观感质量检查验收，主要检查分项工程验收后到分部（子分部）工程验收之间，工程实体质量有无变化，如有，应修补达到合格，才能通过验收。详见表 7-7。

7.3 职业技能实际训练

训练 1 编制《结构实体混凝土强度验收记录》

表 7-2 结构实体混凝土强度验收记录

<table>
<tr><td>工程名称</td><td></td><td>结构类型</td><td colspan="8"></td><td>强度等级数量</td><td></td></tr>
<tr><td>施工单位</td><td></td><td>项目经理</td><td colspan="8"></td><td>项目技术负责人</td><td></td></tr>
<tr><td>强度等级</td><td colspan="10">试件强度代表值（MPa）</td><td>强度评定结果</td><td>监理（建设）单位验收结构</td></tr>
<tr><td rowspan="2"></td><td></td><td></td><td></td><td></td><td></td><td></td><td></td><td></td><td></td><td></td><td rowspan="2"></td><td rowspan="8"></td></tr>
<tr><td></td><td></td><td></td><td></td><td></td><td></td><td></td><td></td><td></td><td></td></tr>
<tr><td rowspan="2"></td><td></td><td></td><td></td><td></td><td></td><td></td><td></td><td></td><td></td><td></td><td rowspan="2"></td></tr>
<tr><td></td><td></td><td></td><td></td><td></td><td></td><td></td><td></td><td></td><td></td></tr>
<tr><td rowspan="2"></td><td></td><td></td><td></td><td></td><td></td><td></td><td></td><td></td><td></td><td></td><td rowspan="2"></td></tr>
<tr><td></td><td></td><td></td><td></td><td></td><td></td><td></td><td></td><td></td><td></td></tr>
<tr><td rowspan="2"></td><td></td><td></td><td></td><td></td><td></td><td></td><td></td><td></td><td></td><td></td><td rowspan="2"></td></tr>
<tr><td></td><td></td><td></td><td></td><td></td><td></td><td></td><td></td><td></td><td></td></tr>
<tr><td>检查结论</td><td colspan="6">项目专业技术负责人
年 月 日</td><td>验收结论</td><td colspan="5">监理工程师
（建设单位项目专业技术负责人）
年 月 日</td></tr>
</table>

训练 2　编制《结构实体钢筋保护层厚度验收记录》

表 7-3　结构实体钢筋保护层厚度验收记录

工程名称				结构类型		检测钢筋数量		梁		板	
施工单位				项目经理		技术负责人					
构件类别		钢筋保护层厚度（mm）							合格点率	评定结果	监理（建设）单位验收结构
		设计值	实测值								
梁	1	25									
	2	25									
	3	25									
	4	25									
	5	25									
板	1	15									
	2	15									
	3	15									
	4	15									
	5	15									
检查结论	项目专业技术负责人： 年　月　日					验收结论	监理工程师 （建设单位专业技术负责人） 年　月　日				

注：1. 本表中梁类、板类构件数量应根据实际情况确定；

2. 表中对每一构件可填写 6 根钢筋的保护层厚度实测值，钢筋的具体数量应根据实际情况确定；

3. 钢筋保护层厚度检验的结构部位、构件数量、检验方法和验收符合规范的规定；

4. 钢筋保护层厚度检验的结构部位、构件数量、检测钢筋数量和位置等记录和资料应作为本表的附件。

训练 3　编制《钢筋保护层厚度试验报告》

表 7-4　钢筋保护层厚度试验报告

资料编号：　　　　　　　　　　试验编号：　　　　　　　　　　委托编号：

工程名称及部位							
委托单位							
试验委托人				见证人			
构件名称							
测试点编号							
保护层厚度设计值（mm）							
保护层厚度实测值（mm）							

续表

测试位置示意图：					
结论：					
批　准		审　核		试　验	
试验单位					
报告日期	年　　月　　日				

本表由建设单位、监理单位、施工单位各保存1份。

训练4　编制《检验批质量验收记录表》

表7-5　检验批质量验收记录表

编号：

工程名称					
分项工程名称			验收部位		
施工单位			项目经理		
分包单位			分包项目经理		
施工执行标准名称及编号					
施工质量验收规范的规定			施工单位检查评定记录	监理（建设）单位验收记录	
主控项目	1				
	2				
一般项目	1				
	2				
	3				

续表

<table>
<tr><td rowspan="2">施工单位检查评定结果</td><td>专业工长（施工员）</td><td></td><td>施工班组长</td><td></td></tr>
<tr><td colspan="4">项目专业质量检查员：　　年　月　日</td></tr>
<tr><td>监理（建设）单位
验收结论</td><td colspan="4">专业监理工程师：
（建设单位项目专业技术负责人）：　　年　月　日</td></tr>
</table>

训练 5　编制《______分项工程质量验收记录表》

表 7-6　______分项工程质量验收记录表

<table>
<tr><td colspan="2">单位（子单位）工程名称</td><td></td><td>结构类型</td><td></td></tr>
<tr><td colspan="2">分部（子分部）工程名称</td><td></td><td>检验批数</td><td></td></tr>
<tr><td>施工单位</td><td colspan="2"></td><td>项目经理</td><td></td></tr>
<tr><td>分包单位</td><td colspan="2"></td><td>分包项目经理</td><td></td></tr>
<tr><td>序　号</td><td>检验批名称及部位、区段</td><td>施工单位检查评定结果</td><td colspan="2">监理（建设）单位验收结论</td></tr>
<tr><td></td><td></td><td></td><td colspan="2" rowspan="11"></td></tr>
<tr><td></td><td></td><td></td></tr>
<tr><td></td><td></td><td></td></tr>
<tr><td></td><td></td><td></td></tr>
<tr><td></td><td></td><td></td></tr>
<tr><td></td><td></td><td></td></tr>
<tr><td></td><td></td><td></td></tr>
<tr><td></td><td></td><td></td></tr>
<tr><td></td><td></td><td></td></tr>
<tr><td></td><td></td><td></td></tr>
<tr><td></td><td></td><td></td></tr>
<tr><td colspan="5">说明：</td></tr>
<tr><td>检查结论</td><td>项目专业技术负责人：
年　月　日</td><td>验收结论</td><td colspan="2">监理工程师：
（建设单位项目专业技术负责人）
年　月　日</td></tr>
</table>

注：地基基础、主体结构工程的分项工程质量验收不填写“分包单位”、“分包项目经理”。

训练 6 编制《分部（子分部）工程验收记录表》

表 7-7 分部（子分部）工程验收记录表

<table>
<tr><td colspan="2">工程名称</td><td colspan="2"></td><td>分部工程名称</td><td colspan="2"></td></tr>
<tr><td colspan="2">施工单位</td><td></td><td>技术部门
负责人</td><td></td><td>质量部门
负责人</td><td></td></tr>
<tr><td colspan="2">分包单位</td><td></td><td>分包单位
负责人</td><td></td><td>分包技术
负责人</td><td></td></tr>
<tr><td>序号</td><td colspan="2">子分部（分项）
工程名称</td><td>分项工程
（检验批）数</td><td>施工单位检验评定</td><td colspan="2">验收意见</td></tr>
<tr><td rowspan="5">1</td><td>1</td><td></td><td></td><td></td><td colspan="2" rowspan="5"></td></tr>
<tr><td>2</td><td></td><td></td><td></td></tr>
<tr><td>3</td><td></td><td></td><td></td></tr>
<tr><td>4</td><td></td><td></td><td></td></tr>
<tr><td>5</td><td></td><td></td><td></td></tr>
<tr><td>2</td><td colspan="2">质量控制
资料</td><td colspan="2"></td><td colspan="2"></td></tr>
<tr><td>3</td><td colspan="2">安全和功能检
验（检测）报告</td><td colspan="2"></td><td colspan="2"></td></tr>
<tr><td>4</td><td colspan="2">感观质量
验收</td><td colspan="2"></td><td colspan="2"></td></tr>
<tr><td rowspan="5">验收单位</td><td colspan="2">分包单位</td><td colspan="4">项目经理 年 月 日</td></tr>
<tr><td colspan="2">施工单位</td><td colspan="4">项目经理 年 月 日</td></tr>
<tr><td colspan="2">勘察单位</td><td colspan="4">项目负责人 年 月 日</td></tr>
<tr><td colspan="2">设计单位</td><td colspan="4">项目负责人 年 月 日</td></tr>
<tr><td colspan="2">监理（建设）单位</td><td colspan="4">总监理工程师
（建设单位项目专业负责人） 年 月 日</td></tr>
</table>

工作任务8　编制工程施工验收文件

8.1　工程施工验收资料时限要求及签认权限

工程施工验收资料时限要求及签认权限见表8-1。

表8-1　工程施工验收资料时限要求及签认权限

序号	工程资料名称	完成或提交时限	主要签认责任	责任单位或部门
1	单位（子单位）工程质量竣工验收记录	业主组织单位竣工验收前完成	施工单位负责人	项目质量部、技术部
2	单位（子单位）工程质量控制资料核查记录	施工企业内部竣工预检前完成	各专业技术负责人、项目经理	项目技术部、资料员
3	单位（子单位）工程安全和功能检验资料核查及主要功能抽查记录	施工企业内部竣工预检前完成	各专业技术负责人、项目经理	项目技术部、资料员
4	单位（子单位）工程观感质量检查记录	工程档案预验收前完成	项目经理	项目质量部

8.2　工程施工验收资料相关规定及要求

8.2.1　《单位（子单位）工程施工质量竣工预验收报验表》

本表的具体内容和填写可参见表8-2，填写方法不再详细说明。

8.2.2　《单位（子单位）工程质量竣工验收记录》

《单位（子单位）工程质量竣工验收记录》是一个建筑工程项目的最后一份验收资料，应由施工单位填写。

（1）单位工程完工，施工单位组织自检合格后，应报请监理单位进行工程预验收，通过后向建设单位提交工程竣工报告并填报《单位（子单位）工程质量竣工验收记录》。建设单位应组织设计单位、监理单位、施工单位等进行工程质量竣工验收并记录，验收记录上各单位必须签字并加盖公章。

（2）进行单位（子单位）工程质量竣工验收时，施工单位应同时填报《单位（子单位）工程质量控制资料核查记录》、《单位（子单位）工程安全和功能检验资料核查及主要功能抽查记录》、《单位（子单位）工程观感质量检查记录》，作为《单位（子单位）工程质量竣工验收记录》的附表。

(3)“分部工程”栏根据各《分部(子分部)工程质量验收记录》填写。对所含各分部工程,应由竣工验收组成员共同逐项核查。对表中内容如有异议,应对工程实体进行检查或测试。

核查并确认合格后,由监理单位在“验收记录”栏注明共验收了几个分部,符合标准及设计要求的有几个分部,并在右侧的“验收结论”栏内,填入具体的验收结论。

(4)“质量控制资料核查”栏根据《单位(子单位)工程质量控制资料核查记录》的核查结论填写。建设单位组织由各方代表组成的验收组成员,或委托总监理工程师,按照《单位(子单位)工程质量控制资料核查记录》的内容,对资料进行逐项核查。确认符合要求后,在《单位(子单位)工程质量竣工验收记录》右侧的“验收结论”栏内填写具体验收结论。

(5)“安全和主要使用功能核查及抽查结果”栏根据《单位(子单位)工程安全和功能检验资料核查及主要功能抽查记录》的核查结论填写。

对于分部工程验收时已经进行了安全和功能检测的项目,单位工程验收时不再重复检测。但要核查以下内容:

1)单位工程验收时按规定、约定或设计要求,需要进行的安全功能抽测项目是否都进行了检测;具体检测项目有无遗漏。

2)抽测的程序、方法是否符合规定。

3)抽测结论是否达到设计及规范规定。

经核查认为符合要求的,在《单位(子单位)工程质量竣工验收记录》中的“验收结论”栏填入符合要求的结论。如果发现某些抽测项目不全,或抽测结果达不到设计要求,可进行返工处理,使之达到要求。

(6)“观感质量验收”栏根据《单位(子单位)工程观感质量检查记录》的检查结论填写。

参加验收的各方代表,在建设单位主持下,对观感质量进行抽查,共同做出评价。如确认没有影响结构安全和使用功能的项目,符合或基本符合规范要求,应评价为“好”或“一般”,如果某项观感质量被评价为“差”,应进行修理。如果确难修理时,只要不影响结构安全和使用功能的,可采用协商解决的方法进行验收,并在验收表上注明。

(7)“综合验收结论”栏应由参加验收各方共同商定,并由建设单位填写,主要对工程质量是否符合设计和规范要求及总体质量水平做出评价。详见表8-3。

8.2.3 《单位(子单位)工程质量控制资料核查记录》

(1)单位(子单位)工程质量控制资料是单位工程综合验收的一项重要内容,核查目的是强调对建筑结构设备性能、使用功能方面的主要技术性能的检验。其每一项资料包含的内容,就是单位工程包含的有关分项工程中检验批主控项目、一般项目要求内容的汇总。对一个单位工程全面进行质量控制资料核查,可以防止局部错漏,从而进一步加强工程质量的控制。

(2)《建筑工程施工质量验收统一标准》(GB 50300—2013)中规定了按专业分共计48项内容。其中,建筑与结构11项;给排水与采暖7项;建筑电气7项;通风与空调8项;电梯7项;建筑智能化8项。

(3)本表由施工单位按照所列质量控制资料的种类、名称进行检查,并填写份数,然后提交给监理单位验收。

(4)本表其他各栏内容均由监理单位进行核查和填写。监理单位应按分部(子分部)工程逐项核查，独立得出核查结论。监理单位核查合格后，在“核查意见”栏填写对资料核查后的具体意见，如齐全、符合要求。具体核查人员在“核查人”栏签字。

（5）总监理工程师或建设单位项目负责人确认符合要求后，在表下部“结论”栏内，填写对资料核查后的综合性结论。

（6）施工单位项目经理应在表下部“结论”栏内签字确认。详见表8-4。

8.2.4 《单位（子单位）工程安全和功能检验资料核查及主要功能抽查记录》

（1）建筑工程投入使用，最为重要的是要确保安全和满足功能性要求。涉及安全和使用功能的分部工程应有检验资料，施工验收对能否满足安全和使用功能的项目进行强化验收，对主要项目进行抽查记录，填写《单位（子单位）工程安全和功能检验资料核查及主要功能抽查记录》。

（2）抽查项目是在核查资料文件的基础上，由参加验收的各方人员确定，然后按有关专业工程施工质量验收标准进行检查。

（3）安全和功能的各项主要检测项目，表中已经列明。如果设计或合同有其他要求，经监理认可后可以补充。

安全和功能的检测，如果条件具备，应在分部工程验收时进行。分部工程验收时凡已经做过的安全和功能检测项目，单位工程竣工验收时不再重复检测，只核查检测报告是否符合有关规定。如：核查检测项目是否有遗漏；抽测的程序、方法是否符合规定；检测结论是否达到设计及规范规定；如果某个项目抽测结果达不到设计要求，应允许进行返工处理，使之达到要求再填表。

（4）本表由施工单位按所列内容检查并填写份数后，提交给监理单位。

（5）本表其他栏目由总监理工程师或建设单位项目负责人组织核查、抽查并由监理单位填写。

（6）监理单位经核查和抽查，如果认为符合要求，由总监理工程师在表中的“结论”栏填入综合性验收结论，并由施工单位项目经理签字确认。详见表8-5。

8.2.5 《单位（子单位）工程观感质量检查记录》

（1）工程观感质量检查，是在工程全部竣工后进行的一项重要验收工作，这是全面评价一个单位工程的外观及使用功能质量，促进施工过程的管理、成品保护，以提高社会效益和环境效益的途径。观感质量检查绝不是单纯的外观检查，而是实地对工程的一个全面检查。

（2）《建筑工程施工质量验收统一标准》（GB 50300—2013）规定，单位工程的观感质量验收，分为“好”、“一般”、“差”三个等级。观感质量检查的方法、程序、评判标准等，均与分部工程相同，不同的是检查项目较多，属于综合性验收。主要内容包括：核实质量控制资料，检查检验批、分项、分部工程验收的正确性，对在分项工程中不能检查的项目进行检查，核查各分部工程验收后到单位工程竣工时之间，工程的观感质量有无变化、损坏等。

（3）本表由总监理工程师组织参加验收的各方代表，按照表中所列内容，共同实际检查，协商得出质量评价、综合评价和验收结论意见。

（4）参加验收的各方代表，经共同实际检查，如果确认没有影响结构安全和使用功能等问题，可共同商定评价意见。评价为“好”和“一般”的项目，由总监理工程师在“观感质量综合评价”栏填写“好”或“一般”，并在“检查结论”栏内填写“工程观感质量综合评价为好（或一般），验收合格”。

（5）如有评价为“差”的项目，属于不合格项，应予以返工修理。这样的观感检查项目修理后需重新检查验收。

（6）“抽查质量状况”栏，可填写具体检查数据。当数据少时，可直接将检查数据填在表格内；当数据多时，可简要描述抽查的质量状况，但应将检查原始记录附在本表后面。详见表 8-6。

8.3 职业技能实际训练

训练 1 编制《单位（子单位）工程施工质量竣工预验收报验表》

表 8-2 单位（子单位）工程施工质量竣工预验收报验表

工程名称		编 号	
致：______________（监理单位） 我方已按合同要求完成了______________工程，经自检合格，请予以检查和验收。 附件： 施工单位名称： 项目经理（签字）： 年 月 日			
审查意见： 经预验收，该工程： 1. ____（符合/不符合）我国现行法律、法规要求； 2. ____（符合/不符合）我国现行工程建设标准； 3. ____（符合/不符合）我国设计文件要求； 4. ____（符合/不符合）施工合同要求； 综上所述，该工程预验收结论为：____（合格/不合格）；____（可以/不可以）组织正式验收。 监理单位名称： 总监理工程师（签字）： 年 月 日			

训练 2 编制《单位（子单位）工程质量竣工验收记录》

表 8-3 单位（子单位）工程质量竣工验收记录

工程名称		结构类型		层数/建筑面积	/
施工单位		技术负责人		开工日期	
项目经理		项目技术负责人		竣工日期	
序号	项 目	验 收 记 录		验 收 结 论	
1	分部工程	共 分部，经查 分部 符合标准及设计要求 分部			
2	质量控制资料核查	共 项，经审查符合要求 项，经核定符合规范要求 项			
3	安全和主要使用功能核查及抽查结果	共核查 项，符合要求 项， 共抽查 项，符合要求 项， 经返工处理符合要求 项			

续表

<table>
<tr><td>工程名称</td><td colspan="2"></td><td colspan="2">结构类型</td><td></td><td>层数/建筑面积</td><td>/</td></tr>
<tr><td>施工单位</td><td colspan="2"></td><td colspan="2">技术负责人</td><td></td><td>开工日期</td><td></td></tr>
<tr><td>项目经理</td><td colspan="2"></td><td colspan="2">项目技术负责人</td><td></td><td>竣工日期</td><td></td></tr>
<tr><td>序号</td><td colspan="2">项　目</td><td colspan="3">验　收　记　录</td><td colspan="2">验　收　结　论</td></tr>
<tr><td>4</td><td colspan="2">观感质量验收</td><td colspan="3">共抽查　　项，符合要求　　项，
不符合要求　　项</td><td colspan="2"></td></tr>
<tr><td>5</td><td colspan="2">综合验收结论</td><td colspan="5"></td></tr>
<tr><td rowspan="2">参加验收单位</td><td colspan="2">建设单位</td><td colspan="2">监理单位</td><td colspan="2">施工单位</td><td>设计单位</td></tr>
<tr><td colspan="2">（公章）
单位（项目）负责人：
年　月　日</td><td colspan="2">（公章）
总监理工程师：
年　月　日</td><td colspan="2">（公章）
单位负责人：
年　月　日</td><td>（公章）
单位（项目）负责人：
年　月　日</td></tr>
</table>

训练3　编制《单位（子单位）工程质量控制资料核查记录》

表8-4　单位（子单位）工程质量控制资料核查记录

<table>
<tr><td colspan="2">工程名称</td><td></td><td>施工单位</td><td colspan="2"></td></tr>
<tr><td>序　号</td><td>项　目</td><td>资料名称</td><td>份　数</td><td>核查意见</td><td>核查人</td></tr>
<tr><td>1</td><td rowspan="11">建筑与结构</td><td>图纸会审、设计变更、洽商记录</td><td></td><td></td><td></td></tr>
<tr><td>2</td><td>工程定位测量、放线记录</td><td></td><td></td><td></td></tr>
<tr><td>3</td><td>原材料出厂合格证及进场检（试）验报告</td><td></td><td></td><td></td></tr>
<tr><td>4</td><td>施工试验报告及见证检测报告</td><td></td><td></td><td></td></tr>
<tr><td>5</td><td>隐蔽工程验收记录</td><td></td><td></td><td></td></tr>
<tr><td>6</td><td>施工记录</td><td></td><td></td><td></td></tr>
<tr><td>7</td><td>预制构件、预拌混凝土合格证</td><td></td><td></td><td></td></tr>
<tr><td>8</td><td>地基基础、主体结构检验及抽样检测资料</td><td></td><td></td><td></td></tr>
<tr><td>9</td><td>分项、分部工程质量验收记录</td><td></td><td></td><td></td></tr>
<tr><td>10</td><td>工程质量事故及事故调查处理资料</td><td></td><td></td><td></td></tr>
<tr><td>11</td><td>新材料、新工艺施工记录</td><td></td><td></td><td></td></tr>
<tr><td>1</td><td rowspan="7">给排水与采暖</td><td>图纸会审、设计变更、洽商记录</td><td></td><td></td><td></td></tr>
<tr><td>2</td><td>材料、配件、设备出厂合格证及进场检（试）验报告</td><td></td><td></td><td></td></tr>
<tr><td>3</td><td>管道、设备强度试验和严密性试验记录</td><td></td><td></td><td></td></tr>
<tr><td>4</td><td>隐蔽工程验收记录</td><td></td><td></td><td></td></tr>
<tr><td>5</td><td>系统清洗、灌水、通水、通球试验记录</td><td></td><td></td><td></td></tr>
<tr><td>6</td><td>施工记录</td><td></td><td></td><td></td></tr>
<tr><td>7</td><td>分项、分部工程质量验收记录</td><td></td><td></td><td></td></tr>
</table>

续表

工程名称			施工单位		
序 号	项 目	资料名称	份 数	核查意见	核查人
1	建筑电气	图纸会审、设计变更、洽商记录			
2		材料、配件、设备出厂合格证及进场检（试）验报告			
3		设备调试记录			
4		接地、绝缘电阻测试记录			
5		隐蔽工程验收记录			
6		施工记录			
7		分项、分部工程质量验收记录			
1	通风与空调	图纸会审、设计变更、洽商记录			
2		材料、配件、设备出厂合格证及进场检（试）验报告			
3		制冷、空调、水管道强度试验及严密性试验记录			
4		隐蔽工程验收记录			
5		制冷设备运行调试记录			
6		通风、空调系统调试记录			
7		施工记录			
8		分项、分部工程质量验收记录			
1	电梯	图纸会审、设计变更、洽商记录			
2		设备出厂合格证书及开箱检验记录			
3		隐蔽工程验收记录			
4		施工记录			
5		接地、绝缘电阻测试记录			
6		负荷试验、安全装置检查记录			
7		分项、分部工程质量验收记录			
1	建筑智能化	图纸会审、设计变更、洽商记录、竣工图及设计说明			
2		材料、设备出厂合格证、技术文件及检（试）验报告			
3		隐蔽工程验收记录			
4		系统功能测定及设备调试记录			
5		系统技术、操作和维护手册			
6		系统管理、操作人员培训记录			
7		系统检查报告			
8		分项、分部工程质量验收记录			

结论：

施工单位项目经理：

年 月 日

总监理工程师：
（建设单位项目负责人）：

年 月 日

训练 4　编制《单位（子单位）工程安全和功能检验资料核查及主要功能抽查记录》

表 8-5　单位（子单位）工程安全和功能检验资料核查及主要功能抽查记录

工程名称			施工单位			
序号	项目	资料名称	份　数	核查意见	抽查结果	核查人
1	建筑与结构	屋面淋水试验记录				
2		地下室防水效果检查记录				
3		有防水要求的地面蓄水试验记录				
4		建筑物垂直度、标高、全高测量记录				
5		抽气（风）道检查记录				
6		幕墙及外窗气密性、水密性、耐风压检测报告				
7		建筑物沉降观测测量记录				
8		节能、保温测试记录				
9		室内环境检测报告				
1	给排水、采暖与燃气	给水管道通水试验记录				
2		暖气管道、散热器压力试验记录				
3		卫生器具满水试验记录				
4		消防管道压力试验记录				
5		排水干管通球试验记录				
6		燃气系统强度和严密性试验				
1	电气	照明全负荷试验记录				
2		大型灯具牢固性试验记录				
3		避雷接地电阻测试记录				
4		线路、插座、开关接地检验记录				
1	通风与空调	通风、空调系统试运行记录				
2		风量、温度测试记录				
3		洁净室洁净度测试记录				
4		制冷机组试运行调试记录				
1	电梯	电梯运行记录				
2		电梯安全装置检测报告				

续表

工程名称			施工单位			
序号	项目	资料名称	份数	核查意见	抽查结果	核查人
1	智能建筑	系统试运行记录				
2		系统电源及接地检测报告				
结论： 施工单位项目经理： 年　月　日			总监理工程师： （建设单位项目负责人）： 年　月　日			

训练 5　编制《单位（子单位）工程观感质量检查记录》

表 8-6　单位（子单位）工程观感质量检查记录

工程名称							施工单位						
序号	项目		抽查质量状况								质量状况		
											好	一般	差
1	建筑与结构	室外墙面											
2		变形缝											
3		水落管、屋面											
4		室内墙面											
5		室内顶棚											
6		室内地面											
7		楼梯踏步护栏											
8		门窗											
1	给排水、采暖与燃气	管道接口、坡度、支架											
2		卫生器具、支架、阀门											
3		检查口、扫除口、地漏											
4		散热器、燃气表											
5		管道穿墙、板套管											
1	电气	配电箱、盘、板、接线盒											
2		设备器具、开关、插座											
3		防雷、接地											

续表

工程名称							施工单位						
序号	项　目		抽查质量状况								质量状况		
											好	一般	差
1	通风与空调	风管、支架											
2		风口、风阀											
3		风机、空调设备											
4		阀门、支架											
5		水泵、冷却塔											
6		绝热											
1	电梯	运行、平层、开关门											
2		层门、信号系统											
3		机房											
1	智能建筑	机房设备安装及布局											
2		现场设备安装											
观感质量综合评价：													
检查结论：	施工单位项目经理： 年　月　日						总监理工程师： （建设单位项目负责人）： 年　月　日						

工作任务9　编制与整理竣工图

9.1　编制与整理竣工图的要求

凡按施工图施工没有变动的，由竣工图编制单位在施工图图签附近空白处加盖并签署“竣工图”章。

凡一般性图纸变更，编制单位可根据设计变更依据，在施工图上直接改绘，并加盖及签署“竣工图”章。

凡结构型式、工艺、平面布置、项目等重大改变及图面变更超过40%的，应重新绘制竣工图。重新绘制的图纸必须有图名和图号，图号可按原图编号。

编制竣工图必须编制各专业竣工图的图纸目录，绘制的竣工图必须准确、清楚、完整、规范，修改必须到位，真实反映项目竣工验收时的实际情况。

用于改绘竣工图的图纸必须是新蓝图或绘图仪绘制的白图，不得使用复印的图纸。

竣工图编制单位应按照国家建筑制图规范要求绘制竣工图，使用绘图笔或签字笔及不褪色的绘图墨水。

9.2　编制与整理竣工图的主要内容

竣工图应按单位工程，并根据专业、系统进行分类和整理。

竣工图包括以下内容：

（1）工艺平面布置图等竣工图。

（2）建筑竣工图、幕墙竣工图。

（3）结构竣工图、钢结构竣工图。

（4）建筑给水、排水与采暖竣工图。

（5）燃气竣工图。

（6）建筑电气竣工图。

（7）智能建筑竣工图（综合布线、保安监控、电视天线、火灾报警、气体灭火等）。

（8）通风空调竣工图。

（9）地上部分的道路、绿化、庭院照明、喷泉、喷灌等竣工图。

（10）地下部分的各种市政、电力、电信管线等竣工图。

9.3　竣工图类型与绘制

9.3.1　竣工图的类型

（1）利用施工蓝图改绘的竣工图。

（2）在二底图上修改的竣工图。

（3）重新绘制的竣工图。

（4）用 CAD 绘制的竣工图。

9.3.2　竣工图绘制要求

（1）利用施工蓝图改绘的竣工图。

在施工蓝图上一般采用杠（划）改、叉改法，局部修改可以圈出更改部位，在原图空白处绘出更改内容，所有变更处都必须引划索引线并注明更改依据。

在施工图上改绘，不得使用涂改液涂抹、刀刮、补贴等方法修改图纸。

具体的改绘方法可视图面、改动范围和位置、繁简程度等实际情况而定，以下是常见改绘方法的说明。

1）取消的内容：

① 尺寸、门窗型号、设备型号、灯具型号、钢筋型号和数量、注解说明等数字、文字、符号的取消，可采用杠改法，即将取消的数字、文字、符号等用横杠杠掉（不得涂抹掉），从修改的位置引出带箭头的索引线，在索引线上注明修改依据，即“见×号洽商×条”，也可注明“见××年××月××日洽商×条”。

② 隔墙、门窗、钢筋、灯具、设备等取消，可用叉改法，即在图上将取消的部分划“×”，在图上描绘取消的部分较长时，可视情况划几个“×”，达到表示清楚为准的目的，并从图上修改处用箭头索引线引出，注明修改依据。

2）增加的内容：

① 在建筑物某一部位增加隔墙、门窗、灯具、设备、钢筋等，均应在图上的实际位置用规范制图方法绘出，并注明修改依据。

② 如增加的内容在原位置绘不清楚时，应在本图适当位置（空白处）按需要补绘大样图，并保证准确、清楚，如本图上无位置可绘时，应另用硫酸纸绘补图并晒成蓝图或用绘图仪绘制白图后附在本专业图纸之后，注意在原修改位置和补绘图纸上均应注明修改依据，补图要有图名和图号。

3）内容变更：

① 数字、符号、文字的变更，可在图上用杠改法将取消的内容杠去，在其附近空白处增加更正后的内容，并注明修改依据。

② 设备配置位置，灯具、开关型号等变更引起的改变及墙、板、内外装修等变化均应在原图上改绘。

③ 当图纸某部位变化较大，或在原位置上改绘有困难，或改绘后杂乱无章，可以采用以下办法改绘。

a. 画大样改绘。

先在原图上标出应修改部位的范围，后在需要修改的图纸上绘出修改部位的大样图，并在原图改绘范围和改绘的大样图处注明修改依据。

b. 另绘补图修改。

如原图纸无空白处，可把应改绘的部位绘制成硫酸纸补图并晒成蓝图后，作为竣工图纸，补在本专业图纸之后，具体做法为：在原图纸上画出修改范围，并注明修改依据和见某图（图号）及大样图名；在补图上注明图号和图名，并注明是某图（图号）某部位的补图和修改依据。

c. 个别蓝图需重新绘制竣工图。

如果某张图纸修改不能在原蓝图上修改清楚，应重新绘制整张图作为竣工图，重绘的图纸应按国家制图标准和绘制竣工图的规定制图。

4）加写说明：

凡设计变更、洽商的内容应当在竣工图上修改的，均应用绘图方法改绘在蓝图上，不再加以说明，如果修改后的图纸仍然有内容无法表示清楚，可用精炼的语言适当加以说明。

① 图上某一种设备、门窗等型号的改变，涉及多处修改时，要对所有涉及的地方全部加以改绘，其修改依据可标注在一个修改处，但需在此处做简单说明。

② 钢筋的代换，混凝土强度等级改变，墙、板、内外装修材料的变化，由建设单位自理的部分等在图上修改难以用作图方法表达清楚时，可加注或用索引的形式加以说明。

③ 凡涉及说明类型的洽商，应在相应的图纸上使用设计规范用语反映洽商内容。

5）注意事项：

① 施工图纸目录必须加盖“竣工图”章，作为竣工图归档。凡有作废、补充、增加和修改的图纸，均应在施工图目录上标注清楚，即作废的图纸在目录上杠掉，补充的图纸在目录上列出图名、图号。

② 如果施工图改变量大，设计单位重新绘制了修改图的，应以修改图代替原图，原图不再归档。

③ 凡是洽商图作为竣工图，必须进行必要的制作。

如洽商图是按正规设计图纸要求进行绘制的，可直接作为竣工图，但需统一编写图名、图号，并加盖“竣工图”章，作为补图，并在说明中注明是哪张图、哪个部位的修改图，还要在原图修改部位标注修改范围，并标明见补图的图号。

如洽商图未按正规设计要求绘制，均应按制图规定另行绘制竣工图，其余要求同上。

④ 某一条洽商可能涉及两张或两张以上图纸，某一局部变化可能引起系统变化，因此凡涉及的图纸和部位均应按规定修改，不能只改其一，不改其二。

再如，一个标高的变动，可能在平、立、剖、局部大样图上都要涉及，均应改正。

⑤ 不允许将洽商的附图原封不动地贴在或附在竣工图上作为修改，也不允许将洽商的内容抄在蓝图上作为修改，凡修改的内容均应改绘在蓝图上或做补图附在图纸之后。

⑥ 根据规定须重新绘制竣工图时，应按绘制竣工图的要求制图。

⑦ 改绘注意事项：

a. 修改时，字、线使用的规定。

字：采用仿宋字，字体的大小要与原图采用字体的大小相协调，严禁错、别、草字；

线：一律使用绘图工具，不得徒手绘制。

b. 施工蓝图的规定。

图纸反差要明显，以适应缩微等技术要求，凡旧图、反差不好的图纸，不得作为改绘用图，修改的内容和有关说明，均不得超过原图框。

（2）在二底图上修改的竣工图。

1）用设计底图或施工图制成二底（硫酸纸）图，在二底图上依据设计变更、工程洽商内容用刮改法进行绘制，即用刀片将需要更改部位刮掉，再用绘图笔绘制修改内容，并在图中空白处做一修改备考表，注明变更、洽商编号（或时间）和修改内容。

2）修改的部位用语言描述不清楚时，也可用细实线在图上划出修改范围。

3）以修改后的二底图或蓝图作为竣工图，要在二底图或蓝图上加盖“竣工图”章；没有改动的二底图转作竣工图也要加盖“竣工图”章。

4）如果二底图修改次数较多，个别图面可能出现模糊不清等技术问题，必须进行技术处理或重新绘制，以期达到图面整洁、字迹清楚等质量要求。

（3）重新绘制的竣工图。

根据工程竣工现状和洽商记录绘制竣工图，重新绘制竣工图要求与原图比例相同，符合制图规范，有标准的图框和内容齐全的图签，图签中应有明确的“竣工图”字样或加盖“竣工图”章。

（4）用 CAD 绘制的竣工图。

在电子版施工图上，依据设计变更、工程洽商的内容进行修改，修改后用云图圈出修改部位，并在图中空白处做一修改备考表。同时，图签上必须有原设计人员签字。

9.4　竣工图章及签认

“竣工图”章应具有明显的“竣工图”字样，并包括编制单位名称、制图人、审核人和编制日期等基本内容。编制单位、制图人、审核人、技术负责人要对竣工图负责。

所有竣工图应由编制单位逐张加盖、签署“竣工图”章。“竣工图”章中签名必须齐全，不得代签。

凡由设计院编制的竣工图，其设计图签中必须明确竣工阶段，并由绘制人和技术负责人在设计图签中签字。

“竣工图”章应加盖在图签附近的空白处。

“竣工图”章应使用不褪色的红色或蓝色印泥。

9.5　职业技能实际训练

根据背景资料及相关的材料，请编制并整理出一套完整的竣工图，包括（如果有）：

（1）建筑竣工图；（2）结构竣工图；（3）钢结构竣工图；（4）幕墙竣工图；（5）室内装饰竣工图；（6）建筑给水排水及供暖竣工图；（7）建筑电气竣工图；（8）智能建筑竣工图；（9）通风与空调竣工图；（10）室外工程竣工图；（11）规划红线内的室外给水、排水、供热、供电、照明管线等竣工图；（12）规划红线内的道路、园林绿化、喷灌设施等竣工图。

工作任务10 编制工程竣工报告

10.1 工程竣工报告签认权限及时限要求

工程竣工报告时限要求及签认权限见表10-1。

表10-1 工程竣工报告时限要求及签认权限

序号	工程资料名称	完成或提交时限	主要签认责任	责任单位或部门
1	工程竣工报告	业主组织单位竣工验收前完成	项目经理	项目经理组织

10.2 《工程竣工报告》相关规定及要求

（1）工程概况。写明工程名称、工程地址、工程结构类型、建筑面积、占地面积、地下及地上层数、基础类型、建筑物檐高、主要工程量、开工和完工日期，建设、勘察、设计、监理、总包及分包施工单位名称。

（2）施工主要依据。说明施工主要依据，标明合同名称及备案编号、设计图工程号及主要设计变更编号、施工执行的主要标准。

（3）工程施工情况。

1）人员组织情况：总包单位项目部项目经理、技术负责人、专业负责人、施工现场管理负责人等姓名、执业证书及编号，特殊工种人员持证上岗情况。

2）项目专业分包情况：专业分包情况，分包单位名称、资质证书号码和技术负责人姓名、执业证书及编号。

3）工程施工过程：施工工期定额规定的施工天数；实际施工天数，工程总用工工日；按照《建筑工程施工质量验收统一标准》中分部工程的划分，简介各分部主要施工方法，重点描述地基基础、主体结构施工过程，包括建筑地基种类（天然或人工）、深度（槽底标高）、承载力数值、允许变形要求；地基处理情况，地基土质和地下水对基础有无侵蚀性；混凝土的制作及浇筑方法，砌体结构的砌筑方法，模板制作方法，钢筋接头方法等；说明主要建筑材料使用情况，用于主体结构建筑材料、门窗、防水、保温材料、混凝土外加剂、特种设备等产品是否符合相关规定，生产厂家是否具有生产许可证品牌和生产厂家名称；建筑材料、构配件设备是否按规定进行了报验，是否按规定进行了复试、有见证取样与送检，有见证取样与送检见证人姓名和见证试验机构名称，是否有合格证明文件，是否符合国家及地方标准。

4）工程施工技术措施及质量验收情况：简介各工序采用了哪些技术、质量控制措施及新技术、新工艺和特殊工序；评定工程质量采用的标准，执行《工程建设标准强制性条文》

和国家工程施工质量验收规范及安全与功能性检测、原材料试验、施工试验、主要建筑设备、系统调试的情况，说明地基基础与主体结构及分部验收质量达标、企业竣工自检、施工资料管理等情况。

5）工程完成情况：是否依法完成了合同约定的各项内容，有无甩项，有无质量遗留问题，需要说明的其他事项。

（4）工程质量总体评价：工程是否达到设计要求，是否符合《工程建设标准强制件条文》和国家工程施工质量验收规范，是否达到了施工合同的质量目标，是否具备竣工验收条件。《工程竣工报告》同时应有总监理工程师签字。详见表 10-2。

10.3　职业技能实际训练

训练 1　编制《工程竣工报告》

表 10-2　工程竣工报告

房屋建筑工程竣工报告书 工程名称：______________________ 施工单位：______________________ **××省建设厅　制**

受你单位委托，我单位对本工程进行施工，现做出工程竣工报告。

施工单位：

项目经理：

企业技术负责人：

企业法定代表人：

（公章）
年　月　日

结论意见

一、基本情况

<table>
<tr><td>工程名称</td><td colspan="2"></td><td>工程用途</td><td colspan="2"></td></tr>
<tr><td>工程地址</td><td colspan="2"></td><td>联系电话</td><td colspan="2"></td></tr>
<tr><td>施工单位</td><td colspan="2"></td><td>承包形式</td><td colspan="2"></td></tr>
<tr><td>建筑面积</td><td></td><td>（m^2）</td><td>地上总高</td><td></td><td>（m）</td></tr>
<tr><td rowspan="2">结构型式</td><td colspan="2" rowspan="2"></td><td rowspan="2">层　数</td><td>地上</td><td>层</td></tr>
<tr><td>地下</td><td>层</td></tr>
<tr><td>建 筑 物
安全等级</td><td colspan="2"></td><td>抗震设防
烈　度</td><td></td><td>（%）</td></tr>
<tr><td>预算造价</td><td colspan="2">（万元）</td><td>竣工期支付
工程款额度</td><td colspan="2"></td></tr>
<tr><td>合同工期</td><td colspan="2"></td><td>实际开竣工
日　期</td><td colspan="2"></td></tr>
<tr><td colspan="6">施工期发生的特大自然情况：</td></tr>
</table>

二、质量责任人定岗及变更和分包人及合同资质情况

三、完成设计和合同约定情况

四、采用的技术质量标准，企业对分项工程、分部工程自检自评和被认定质量情况

五、主要建筑材料、建筑构配件和设备的证明文件

六、隐蔽工程和使用功能质量自检验收情况

七、准许使用证明具备情况

八、建筑行政主管部门、质量监督机构及监理单位出具的整改令整改情况

九、竣工档案技术资料和施工管理资料编制情况

十、企业自我认定地基基础、主体结构的安全可靠度和使用功能完善良好运行程度

十一、其他方面

参 考 文 献

[1] 梁鸿颉，赫璐．建筑工程资料管理［M］．北京：中国建材工业出版社，2016.

[2] 李洪立，黎洪光．建筑工程资料管理［M］．广州：华南理工大学出版社，2015.

[3] 刘宏敏．建筑工程资料管理［M］．北京：机械工业出版社，2013.

[4] 徐燕．施工企业资料整理［M］．北京：人民交通出版社，2009.

[5]《建筑工程资料员一本通》编委会．建筑工程资料员一本通（2014 版）［M］．哈尔滨：哈尔滨工程大学出版社，2014.

[6] 吕宗斌．建设工程技术资料管理（第 3 版）［M］．武汉：武汉理工大学出版社，2014.

[7] 陈年和．建筑工程竣工验收与资料管理［M］．北京：中国建筑工业出版社，2010.